Mitología Inca

*Mitos fascinantes incas sobre los dioses,
diosas y criaturas legendarias*

© Copyright 2020

Todos los derechos reservados. Ninguna parte de este libro puede ser reproducida de ninguna forma sin el permiso escrito del autor. Los revisores pueden citar breves pasajes en las reseñas.

Descargo de responsabilidad: Ninguna parte de esta publicación puede ser reproducida o transmitida de ninguna forma o por ningún medio, mecánico o electrónico, incluyendo fotocopias o grabaciones, o por ningún sistema de almacenamiento y recuperación de información, o transmitida por correo electrónico sin permiso escrito del editor.

Si bien se ha hecho todo lo posible por verificar la información proporcionada en esta publicación, ni el autor ni el editor asumen responsabilidad alguna por los errores, omisiones o interpretaciones contrarias al tema aquí tratado.

Este libro es solo para fines de entretenimiento. Las opiniones expresadas son únicamente las del autor y no deben tomarse como instrucciones u órdenes de expertos. El lector es responsable de sus propias acciones.

La adhesión a todas las leyes y regulaciones aplicables, incluyendo las leyes internacionales, federales, estatales y locales que rigen la concesión de licencias profesionales, las prácticas comerciales, la publicidad y todos los demás aspectos de la realización de negocios en los EE. UU., Canadá, Reino Unido o cualquier otra jurisdicción es responsabilidad exclusiva del comprador o del lector.

Ni el autor ni el editor asumen responsabilidad alguna en nombre del comprador o lector de estos materiales. Cualquier desaire percibido de cualquier individuo u organización es puramente involuntario.

Índice

INTRODUCCIÓN 1
PARTE I: HISTORIAS DE LOS DIOSES 4
    Viracocha crea el mundo 4
    El cuento de Pachacamac 9
    Cuniraya y la doncella 12
    La historia de Huanacauri 18
    El viaje de Pariacaca 26
    El combate de Pariacaca y Huallallo Carhuincho 29
PARTE II: MITOS POLÍTICOS INCAICOS 33
    La historia de Manco Cápac 33
    La historia de Mayta Cápac 38
    Topa Inca Yupanqui y Macahuisa 41
    El Inca Huayna Cápac y Cuniraya 45
PARTE III: CINCO CUENTOS POPULARES ANDINOS Y UNA OBRA INCA..48
    La mujer guacamaya 48
    El Cóndor y la Pastora 50
    La doncella y los tres guerreros 55
    El pastor de llamas y la hija del sol 58

La leyenda del lago Titicaca 63
La historia de Ollantay 66
BIBLIOGRAFÍA...**80**

Introducción

Desde su inicio en algún momento del siglo XIII hasta su caída tras la llegada de los españoles en el siglo XVI, el Imperio inca fue una unidad política y geográfica compleja y bien estructurada que abarcaba una gran extensión del oeste de Sudamérica, desde partes de lo que hoy son Ecuador y Colombia al norte hasta partes de Argentina y Chile al sur, mientras que lo que hoy es Perú y partes del oeste de Bolivia constituían la parte central. El Imperio inca no se componía de una sola cultura unitaria, sino que era una especie de federación de muchos pueblos bajo la autoridad del *Inca Sapa*, el emperador que gobernaba desde la capital de Cuzco y que se decía que era el hijo del dios sol, Inti. El idioma principal del imperio era el quechua, pero el aymara y otros idiomas también eran hablados por los diversos pueblos que vivían en los cuatro *suyu*s, o provincias, que conformaban el imperio.

Al igual que otras culturas de América Central y del Sur que fueron víctimas del colonialismo español, los mitos de los incas han sido transmitidos a nosotros a través de un filtro occidental y cristiano, ya que muchas de estas historias fueron recogidas por escritores españoles y escritas con diversos grados de precisión, integridad y parcialidad hacia las culturas indígenas que las produjeron. Nos vemos aún más obstaculizados con respecto al mito incaico en el sentido de que los incas pre coloniales parecen no haber tenido un lenguaje escrito, como lo tenían los mayas y los aztecas; por lo tanto, no tenemos textos incaicos indígenas que hayan sobrevivido a la rapacidad colonial como sucede con las culturas mesoamericanas, y por lo tanto no tenemos nada con que comparar los testigos de los escritores españoles. Además, los textos que fueron compilados por los escritores indígenas incas después de la conquista traicionan la fuerte influencia de la cristianización.

Dicho esto, es importante señalar que los incas tenían un sistema de cuerdas y nudos, conocido como *quipus*, que utilizaban para llevar un registro de los datos de los censos y los bienes, pero existe un debate considerable sobre si el quipu podría haberse utilizado también para registrar relatos narrativos. Académicos como Gary Urton han argumentado que algunos quipus que permanecen sin descifrar podrían de hecho contener tales narraciones. Si se pudieran traducir, serían una valiosa comprobación del testimonio de los primeros etnógrafos colonialistas.

La religión oficial inca se centraba en la adoración del Sol en un complejo de templos en Cuzco, pero Inti, el dios sol, era solo una de las muchas deidades veneradas por los incas. Había varios dioses creadores, cada uno de los cuales tenía sus propios mitos asociados, pero también había cientos de *huacas*, una especie de seres espirituales divinos que podían adoptar una forma corpórea a voluntad y que se veneraban en santuarios, también conocidos como *huacas,* en todo el imperio. A menudo estos santuarios se centraban en algún tipo de monumento hecho de piedra, y muchos de estos santuarios y lugares sagrados siguen en pie en toda la región andina hoy en día.

A lo largo de los relatos presentados en este libro vemos la importancia de la piedra y de las montañas, que son un rasgo geográfico primordial de la costa occidental de América del Sur. Muchos de los cuentos contienen una escena en la que una figura divina o mortal se transforma en piedra, convirtiéndose así en una *huaca* que posteriormente es venerada como un lugar sagrado, mientras que otros cuentos contienen una escena en la que una figura se transforma en toda una montaña. Los mitos de los dioses incaicos en la primera sección del libro explican cómo se creó el mundo y también detallan las aventuras de varias deidades mientras compiten por la supremacía o actúan como embaucadores en los mundos de los mortales y las *huacas* por igual. La segunda sección contiene el mito del origen del imperio inca, que fue usado para justificar la legitimidad política inca. Esta sección también presenta otros relatos sobre los actos mitológicos de los emperadores incas y sus interacciones con seres divinos. La última sección contiene una colección de cuentos populares andinos y una versión narrativa en prosa del drama del siglo XVIII *Apu Ollantay*, que puede haberse basado en un antiguo cuento inca y que cuenta la historia del amor prohibido entre Cusi Coyllur, hija del inca Pachacuti, y el valiente guerrero Ollantay, cuyo nombre también adorna la fortaleza inca de Ollantaytambo, al norte del Cuzco.

Aunque este libro presenta estos cuentos bajo la denominación de "mitos incas", son de hecho historias de varias culturas diversas. Los dioses que crean y destruyen, juegan trucos y viajan por el mundo con apariencia humana, son seres regionales, venerados en lugares particulares por pueblos particulares dentro del mundo inca. Lo que los une a todos es el deseo humano de tener razones, explicaciones de por qué el mundo es como es, y el deseo de explorar el amor, el miedo, la lealtad, el deseo de poder, y muchas otras cosas que nos hacen humanos.

PARTE I: HISTORIAS DE LOS DIOSES

Viracocha crea el mundo

Algunos mitos de origen incaico se centran en la zona alrededor del lago Titicaca, que se encuentra en la cordillera de los Andes en la frontera del sudeste de Perú y el centro oeste de Bolivia. El lago Titicaca es el lago más grande de Sudamérica y es un rasgo llamativo de la geografía andina que es fácilmente visible desde el espacio. En los mitos de la creación incaica, el lago Titicaca y la isla del Sol, la mayor isla del lago, funcionan como una especie de nexo cósmico del que surge el creador para hacer el mundo.

Uno de los principales creadores en la mitología inca es un ser llamado Viracocha, que puede ser traducido como "espuma del mar". En su libro sobre el mito inca, Gary Urton señala que Viracocha era principalmente una deidad de las tierras altas de los Andes, y que en las tierras bajas, se pensaba que la creación era obra de un ser llamado Pachacamac. El mito de las tierras altas afirma que Viracocha es el que inicia la creación, pero cuando llega el momento de poblar el mundo, recurre a la ayuda de dos hijos, Imaymana Viracocha y Tocapu Viracocha. Cada uno de los Viracochas va en una dirección diferente para llamar a la gente a la existencia y darles sus culturas, idiomas e instrucciones de cómo vivir en los lugares que van a llamar hogar.

El hecho de que Viracocha sea aparentemente una especie de trinidad ha llevado a especular que el mito se contaminó de alguna manera con la doctrina cristiana después de la conquista española del Perú y la imposición de las creencias católicas a la población indígena. Sin embargo, el concepto de un dios triuno o de seres divinos que de otra manera trabajan juntos en grupos de tres se encuentra en muchas culturas de todo el mundo. Por lo tanto, los estudiosos siguen debatiendo si la aparente naturaleza triple de Viracocha es un rasgo de la creencia nativa inca o si fue algo injertado en la leyenda de la creación por los incas en un intento de ajustarse a las exigencias religiosas de sus conquistadores cristianos.

Hace mucho, mucho tiempo, había oscuridad. Y en la oscuridad había un lago. Los cielos eran oscuros, las aguas del lago eran oscuras, y el nombre del lago era Titicaca.

De las aguas del lago salió Con Tici Viracocha Pachayachachic, el Creador de todas las cosas. Viracocha surgió de las profundidades del lago Titicaca, de la oscuridad de las aguas se levantó, y alrededor de él creó un mundo. Pero era un mundo sin luz, ya que Viracocha no creó ni un sol ni una luna, ni creó ninguna estrella. Y en este mundo sin luz, Viracocha esculpió una raza de gigantes, hombres y mujeres enormes para poblar la tierra, y los pintó con todo tipo de colores.

—¡Vivan!—dijo Viracocha a los gigantes—. Vivan, caminen, respiren, y hablen. Vivan sin pelearse entre ustedes. ¡Vivan, y sirvan y obedezcan a su Creador!

Los gigantes cobraron vida por la palabra de Viracocha. Anduvieron en la oscuridad de ese mundo sin sol, ni luna, ni estrellas. Pero pronto se pelearon entre ellos, y olvidaron servir y obedecer a Viracocha, así que Viracocha convirtió a algunos de ellos en grandes piedras. A otros los destruyó abriendo la tierra bajo los pies de los gigantes. Los gigantes cayeron en la tierra que se cerró sobre ellos.

Otros fueron destruidos por grandes olas que los arrastraron hacia el mar. No se volvió a ver a ninguno de los gigantes.

Viracocha estaba consternado por el fracaso de su creación. Hizo llover durante sesenta días y sesenta noches. Llovía y llovía, y pronto los arroyos y ríos comenzaron a desbordarse. Los lagos se desbordaron. La lluvia cayó y el agua subió, y pronto el mundo entero se cubrió con las aguas del diluvio. Todo lo que Viracocha había hecho fue arrastrado.

Cuando las aguas del diluvio retrocedieron, Viracocha regresó al lago Titicaca. Fue a la isla que se encuentra en las aguas del lago, la isla del Sol. Viracocha pensó que esta vez comenzaría su creación de manera diferente. Esta vez, Viracocha creó luces en los cielos antes de hacer cualquier otra cosa. Creó el sol, la luna y las estrellas, y las puso en su lugar en los cielos.

El sol salió, y se complació con su brillo—. Soy la cosa más brillante de los cielos—dijo el sol—. Todos me mirarán con asombro.

Luego salió la luna, y era aún más brillante que el sol. Esto hizo que el sol se pusiera celoso. El sol bajó y tomó un puñado de cenizas. Le arrojó las cenizas a la luna. La cara de la luna se moteó con las cenizas que el sol le arrojó, oscureciendo su luz.

Después de crear las luces en los cielos, Viracocha dejó la isla del Sol y se fue a Tiahuanaco. Viracocha tomó las piedras que encontró en las orillas del lago. Moldeó las piedras a la semejanza de las personas, pero no convirtió a estas nuevas personas en gigantes. Les dio a las diferentes personas diferentes características. Les dio diferentes ropas para que las usaran. Les dio idiomas para hablar y canciones para cantar, y les dio semillas para que pudieran cultivar su propia comida.

Cuando el pueblo estaba hecho, Viracocha le dio vida. Luego los envió a un viaje por debajo de la tierra. La gente viajó bajo tierra, cada uno tomando el camino que debía seguir, según el vestido que llevaban y el idioma que hablaban. Salieron de la tierra cuando llegaron a los lugares que Viracocha les había dado para vivir. Algunos de ellos salieron de las aguas de ríos y manantiales. Otros salieron de las bocas de las cuevas. Algunos de ellos salieron de la piedra de las montañas. Dondequiera que la gente emergía, allí hacían sus casas.

Con Tici Viracocha tuvo dos hijos. Uno se llamaba Imaymana Viracocha. El otro se llamaba Tocapu Viracocha. Antes de enviar a la gente a sus viajes bajo tierra, Con Tici Viracocha se los mostró a sus hijos. Con Tici Viracocha dijo—: Observen a la gente con cuidado. Recuerden cómo se ven y cómo se visten. Recuerden cómo hablan, y recuerden las canciones que cantan. Porque tendremos deberes para con los pueblos de la tierra una vez que hayan emergido a los lugares que serán sus hogares.

Con Tici Viracocha envió a Imaymana a las montañas y a la selva. Tocapu Viracocha fue al lugar donde el mar se encuentra con la tierra y recorrió la costa. Con Tici Viracocha fue por el valle del río hacia el Cuzco. En todos esos lugares, cada Viracocha proclamó en voz alta a todos los pueblos que debían obedecer a Con Tici Viracocha Pachayachachic, que ordenó que hicieran sus casas en los lugares donde habían surgido y que se multiplicaran y poblaran la tierra. Y fue entonces cuando la gente salió de los manantiales y ríos, de las cuevas y montañas. Salieron por orden de Con Tici Viracocha, la orden que fue pronunciada por sus hijos y por el mismo Con Tici Viracocha. Mientras llamaban a la gente a salir a sus nuevas tierras, Viracocha y sus hijos enseñaron a la gente todas las cosas que necesitaban saber para vivir. Mostraron a la gente cómo cultivar plantas para la alimentación. Mostraron a la gente qué plantas podían ser usadas para la medicina. Le enseñaron a la gente los nombres de todas las plantas y de las criaturas.

Viracocha decidió entonces hacer un viaje. Se puso su capa de viaje, tomó su bastón y se puso en camino. Hacia el norte, Viracocha caminó, yendo hacia la ciudad de Cuzco. En su camino, llegó a un pueblo llamado Cacha. El pueblo que surgió en este lugar al llamado de Viracocha y sus hijos se llamaba el pueblo de Caná. Vinieron al mundo armados para la guerra, y eran gente muy feroz y peligrosa. Los caná vieron a Viracocha venir por el camino, pero no reconocieron a su Creador. Se armaron y salieron de su aldea, pensando que matarían a este extraño que se atrevió a acercarse a sus tierras.

Viracocha vio a los hombres armados que se acercaban a él. Sabía que no tenían buenas intenciones, y se enfadó porque atacarían al que los había creado y les había dado un buen lugar para vivir. Viracocha levantó sus manos al cielo y llamó a una lluvia de fuego. El fuego aterrizó en la ladera donde estaban los hombres armados, incendiando la hierba. El pueblo de Caná se dio cuenta de su error. Cayeron ante Viracocha y le pidieron perdón. Viracocha se apiadó de ellos. Tomó su bastón y apagó todas las llamas, pero no hizo que la hierba volviera a crecer. Ese lugar permaneció quemado y seco para siempre, e incluso las mismas piedras fueron alteradas por las llamas de Viracocha: el fuego quemó su peso para que incluso la mayor de las piedras pudiera ser llevada por un solo hombre.

Dejando atrás al pueblo de Caná, Viracocha continuó caminando hacia el norte. Caminó siempre hacia el norte hasta que llegó a un lugar llamado Urcos, donde subió a la montaña y se sentó en su cima. Allí llamó a otro grupo de personas, para que vivieran en las alturas de la montaña. Los llamó y vinieron, y le explicó que él era el Creador que los había hecho. La gente adoraba a Viracocha. Hicieron una *huaca*, que es un lugar sagrado para los dioses, y allí colocaron una imagen de Viracocha que estaba toda hecha de oro, y la pusieron sobre un banco que también estaba hecho de oro.

Cuando el pueblo de Urcos estaba bien establecido en su nuevo hogar, y cuando la *huaca* había sido construida y consagrada apropiadamente, Viracocha reanudó su viaje hacia el norte. Siguió el camino hacia el Cuzco, y a medida que avanzaba, convocó a nuevos pueblos y los instruyó en las formas en que debían vivir. Finalmente, llegó a Cuzco, que es el nombre que el propio Viracocha le dio a ese lugar. Viracocha llamó a un hombre llamado Alcaviza, que fue nombrado primer señor de Cuzco. Entonces Viracocha ordenó que el pueblo inca emergiera a ese lugar una vez que Viracocha hubiera partido para continuar su viaje.

Viracocha viajó una y otra vez, siguiendo el camino hasta que llegó al lugar que ahora se llama Puerto Viejo. En Puerto Viejo, los hijos de Viracocha fueron a encontrarse a su padre. Una vez que se reunieron, Viracocha y sus hijos bajaron a la costa, porque allí es donde partieron de este mundo. Una gran multitud se había reunido para saludar a su creador y escuchar lo que tenía que decirles. Viracocha dijo—: Debo dejarlos ahora, pero les contaré las cosas que están por venir. Con el tiempo, llegará gente a sus tierras, gente que dice ser yo, ser Viracocha el creador de todas las cosas. No deben escucharlos, porque hablan con falsedad. Solo yo soy Con Tici Viracocha, y me ocuparé de ustedes enviando mensajeros que los protegerán y les enseñarán cosas que deseo que aprendan.

Después de que Viracocha habló a la gente, él y sus hijos salieron al océano. Caminaron siempre hacia el oeste hasta que desaparecieron de la vista, y la gente se maravilló al verlos caminar sobre el agua que pisaban tan ligeramente como lo habían hecho sobre la tierra firme. Así es como la gente llamó a su creador Viracocha, que significa "espuma del mar".

Y esa es la historia de cómo Viracocha creó el mundo y lo llenó de gente.

El cuento de Pachacamac

Si bien Viracocha fue un dios creador para los incas de las tierras altas, Pachacamac fue adorado por los pueblos costeros de las tierras bajas. Lamentablemente, la mayor parte de la mitología relativa a Pachacamac se ha perdido, en parte porque su culto fue desplazado por el culto al sol cuando los incas se apoderaron de la zona que había adorado a Pachacamac y en parte como resultado de la cristianización del Perú después de la conquista. Gary Urton señala que el principal mito sobre Pachacamac fue preservado por Antonio de la Calancha, un clérigo español que escribió una crónica de los incas a mediados del siglo XVII.

Pachacamac es también el nombre de un importante sitio arqueológico que contiene las ruinas de varios templos y otros edificios. Uno de ellos era el único templo de Pachacamac en todo el imperio inca, y como tal, se convirtió en un sitio de peregrinación. El templo fue saqueado por el conquistador Hernando Pizarro en 1533.

Hace mucho, mucho tiempo, en el mismo comienzo de las cosas, había un hijo del Sol, y su nombre era Con. Con tenía un gran poder: si llegaba a una montaña demasiado alta para él, la bajaba, y si llegaba a un valle demasiado bajo para él, lo subía. Con anduvo por el mundo creando gente para vivir en él. Creó a las personas, y también creó todo lo que necesitaban para alimentarse. Les dio buena tierra para cultivar, tierra fértil y fácil de trabajar, y mucha lluvia para regar sus cultivos y huertos.

Pero no todo estaba bien con la gente. Se comportaron muy mal y no trataron a Con con reverencia. Por lo tanto, Con decidió que castigaría a la gente. Esto lo hizo haciendo que la lluvia dejara de caer. Todos los campos que la gente usaba para cultivar su comida se secaron y se convirtieron en desiertos, y la única agua que tenían provenía de los ríos y arroyos que fluían a través de sus tierras. La gente tuvo que trabajar mucho más duro para cultivar sus alimentos porque ya no tenían suficiente lluvia del cielo. Tuvieron que cavar canales en los ríos para llevar agua a sus campos. Era un trabajo muy duro, y los cultivos no crecían tan bien como antes del castigo de Con.

Con no era el único hijo del Sol. Tenía un hermano, hijo del Sol y de la Luna, llamado Pachacamac. Pachacamac vio a toda la gente que su hermano creó, y pensó para sí mismo que si él era el creador, podría hacerlo mucho mejor. Así que Pachacamac expulsó a Con del mundo. Luego convirtió a todas las personas que Con había creado en bestias. Algunos de ellos se convirtieron en monos. Algunos se convirtieron en zorros. Algunos se convirtieron en pájaros. Pero cuando Pachacamac terminó, no había más gente que viviera en la tierra, que hiciera terrazas y cultivara el suelo.

Pachacamac creó entonces un hombre y una mujer. Pero no les proporcionó comida, y pronto el hombre murió. La mujer no sabía qué hacer. Estaba sola en el mundo y no tenía nada que comer. Se enfrentó al Sol y dijo—: Oh Padre Sol, no tengo nada que comer. No tengo familia. No sé qué hacer. ¡Por favor, ayúdame!

El Sol miró a la mujer y vio que era muy hermosa. El Sol la deseaba, y por eso envió sus rayos sobre ella para que quedara embarazada. El niño creció en el vientre de la mujer y nació después de solo cuatro días.

Pachacamac vio que la mujer había dado a luz a un niño por el Sol. Esto lo hizo muy enojado y celoso. Pachacamac juró venganza, y entonces se llevó al niño y lo hizo pedazos. Pachacamac esparció los pedazos por toda la tierra, y de los pedazos, empezaron a brotar plantas útiles para la alimentación. De los dientes brotó el maíz. De los huesos brotó la mandioca. De la carne brotaron todo tipo de frutas y verduras.

El Sol vio lo que Pachacamac había hecho con su hijo y se entristeció mucho. Decidió hacerse otro hijo, usando las partes del cuerpo que Pachacamac no había esparcido. El Sol tomó el pene y el ombligo del niño desmembrado, y de estos pedazos creó otro niño entero, al que llamó Vichama. Así como al Sol le gusta viajar a través del cielo, a Vichama le invadió el deseo de viajar, y así un día, se puso en marcha, dejando a su madre atrás.

Cuando Pachacamac se enteró de que el Sol había hecho otro niño con los pedazos del primero, se enfureció. Fue a donde estaba la mujer y la mató. Luego tomó su cuerpo y se lo dio a los buitres y cóndores como comida. Entonces Pachacamac hizo un nuevo hombre y una nueva mujer, y tuvieron muchos hijos, y sus hijos tuvieron muchos hijos, y finalmente la tierra se pobló de nuevo. Pachacamac decidió que el pueblo necesitaba una forma de gobernarse a sí mismo, y por eso nombró a algunos de ellos como *curacas*, que tenían autoridad sobre todos los demás.

Después de un tiempo, Vichama regresó de su viaje. Lloró al oír que Pachacamac había matado a su madre y había arrojado su cuerpo a los buitres y cóndores para comer. Vichama salió y buscó todos los pedazos del cuerpo de su madre. Los volvió a juntar cuidadosamente, y cuando terminó, ella era una mujer completa de nuevo. Entonces Vichama la devolvió a la vida.

Pachacamac vio que Vichama había vuelto y que había devuelto a su madre a la vida. Temía el poder de Vichama y su ira. Por lo tanto, Pachacamac bajó a la orilla del mar donde se adentró en las olas, yendo más y más lejos hasta que el agua se lo tragó y se perdió de vista.

Una vez que Pachacamac se fue, Vichama convirtió en piedra a todas las personas que Pachacamac había creado. Pero los que habían sido curacas cuando estaban vivos, se convirtieron en *huacas* para ser usadas como santuarios para honrar a los dioses. Así fue como los curacas mantuvieron el alto estatus que Pachacamac les había dado.

Una vez más, el mundo estaba sin gente. Por lo tanto, Vichama rezó a su padre, el Sol, para que le ayudara a hacer que más gente viviera en la tierra. El Sol le dio a Vichama tres huevos. Uno de ellos era de oro. Uno era de plata. El tercero era de cobre. Uno por uno, Vichama abrió los huevos, y de ellos surgieron diferentes tipos de personas. Del huevo de oro salieron los curacas y los nobles. Del huevo de plata surgieron las mujeres. Del huevo de cobre surgieron los plebeyos, tanto hombres como mujeres, y sus hijos. Y de esta manera, el mundo se llenó de gente una vez más.

Cuniraya y la doncella

En este cuento, vemos a Viracocha con el nombre de Cuniraya en su disfraz de embaucador, y también vemos cómo las deidades incas podían ser muy humanas, sintiendo lujuria y orgullo, vergüenza y deleite. Esta leyenda también funciona como una historia justa, explicando cómo ciertos animales llegaron a tener sus rasgos distintivos, por ejemplo, por qué el cóndor se da un festín con llamas muertas y por qué el zorrino huele tan mal.

Los incas, como muchas otras culturas del mundo, también contaban historias de nacimientos misteriosos y milagrosos. En este caso, la mujer Cavillaca queda embarazada cuando come un fruto encantado del árbol de lúcuma, que es una planta de hoja perenne que crece en los valles andinos de Perú y Ecuador.

Un día, en el principio del mundo, Cuniraya Viracocha tuvo la idea de hacer un viaje. Había terminado de crear la tierra, las plantas y los animales, los pájaros estaban en el cielo, y la gente vivía en los lugares que les había dado para sus casas. Su trabajo de creación había terminado, y así Cuniraya sintió que era hora de viajar por el mundo.

Cuniraya tomó su bastón y se dio a sí mismo la apariencia de un hombre muy viejo y muy pobre. Su piel estaba arrugada, y su cabello era blanco. Se apoyó en su bastón como si necesitara su apoyo. Y con esta apariencia, Cuniraya se puso en camino. Fue a muchos lugares, y en todos los lugares a los que fue, la gente de allí lo trató mal—. ¡Vete, viejo!—le gritaban—. ¡No nos sirve de nada un viejo mendigo como tú!

Pero Cuniraya no les prestó atención. Continuó su camino, viendo lo que había que ver.

Un día, Cuniraya se encontró con una doncella que estaba sentada bajo un árbol de lúcuma. La doncella se llamaba Cavillaca, y era una *huaca*, o un ser del espíritu divino. Cavillaca estaba ocupada tejiendo, y sus hábiles dedos tiraban de los hilos de su telar, convirtiendo la brillante lana en algo hermoso.

Cavillaca era muy hermosa, y todas las *huacas* macho competían por su favor, pero ella nunca prestó atención a sus avances, permaneciendo soltera y desconocida por cualquier hombre. Cuniraya vio a Cavillaca y la deseó para sí mismo, pero sabía que ella no lo tendría, así que pensó en tener un hijo con ella por medio de un truco. Cuniraya se transformó en un pájaro y se iluminó en una rama del árbol de lúcuma. Allí tomó algunas de sus semillas y las convirtió en una fruta madura de lúcuma. Dejó caer la fruta cerca de la mujer y esperó a ver qué hacía. Cavillaca notó la brillante fruta en el suelo a su lado. Hacía tiempo que no comía y tenía hambre, así que cogió la fruta y se la comió. Y de esta manera Cavillaca quedó embarazada sin haber tenido nunca relaciones con un hombre.

Cuando cumplió nueve meses, Cavillaca dio a luz a un hermoso niño. Ella amamantó al niño en su pecho y se preguntaba a menudo quién podría ser el padre. El niño creció, feliz y fuerte, y pronto fue capaz de gatear. Fue entonces cuando Cavillaca decidió averiguar quién era el padre de su hijo. Envió un mensaje a todas las demás *huacas*, diciendo—: Deseo saber quién es el padre de mi hijo. Si lo conocen, vengan a decírmelo. —les dijo que se reuniría con ellos un día determinado en un lugar llamado Anchi Cocha.

Todas las *huacas* se alegraron mucho al escuchar la convocatoria de Cavillaca. Esperaban que ella escogiera a uno de ellos como esposo en la reunión. El día de la reunión, se vistieron con sus mejores galas y se sentaron en el lugar que Cavillaca había reservado. Cavillaca les mostró a su hijo y les dijo—: Aquí está mi hijo. Quiero saber quién es el padre. ¿Alguno de ustedes lo conoce? ¿Quién de ustedes es el padre?

Pero todos los hombres se sentaron en silencio, pues ninguno podía afirmar con certeza ser el padre del niño.

Cuniraya Viracocha también había escuchado la citación de Cavillaca, y estaba allí en la reunión. Se sentó al final del grupo, con sus harapos de mendigo y apoyado en su bastón, con la barba blanca de viejo arrastrándose hacia su pecho. Pero aunque sabía que era padre del niño, no habló, y Cavillaca no se dirigió a él, pensando que un pobre mendigo no era digno de su atención.

Cuando ninguno de los jóvenes admitió ser el padre del niño, Cavillaca dijo—: Si no reclaman al niño como suyo, el niño reclamará a su propio padre. Lo dejaré en el suelo, y aquel a quien vaya deberá ser su padre. —Luego puso al niño en el suelo y dijo—: ¡Ve y encuentra a quien te engendró!

El niño se arrastró entre la multitud de jóvenes, sin detenerse a saludar a ninguno de ellos. Siguió adelante, gateando a cuatro patas como lo hacen los niños, hasta que llegó a Cuniraya. Allí el niño se detuvo y se subió a las rodillas de su padre.

Cavillaca vio a quién había saludado el niño y se quedó consternada—. ¡Triste!—gritó—. ¡Tristemente el padre de mi hijo es un mendigo de poca monta, un pobre hombre sin importancia!

Llorando, Cavillaca cogió a su hijo y corrió de ese lugar, bajando directamente a la orilla donde pensó en arrojarse a sí misma y a su hijo al mar. Corrió a través de la arena y hacia las olas y no se detuvo hasta que llegó a las aguas profundas, donde ella y su hijo se convirtieron en piedra. Y hasta el día de hoy, hay dos piedras en ese lugar que parecen personas.

Cuando Cavillaca huyó, Cuniraya la siguió. Corrió tras ella tan rápido como pudo, gritando su nombre, pero pronto estuvo tan adelantada que no supo por dónde había ido. Mientras Cuniraya intentaba seguir a Cavillaca, se encontró con un cóndor.

—Hermano Cóndor—dijo Cuniraya—dime, ¿ha visto a una joven pasar corriendo por aquí?

—Sí, la vi—dijo el cóndor—. Se fue por ahí. Deberías encontrarla pronto.

—Te estoy agradecido—dijo Cuniraya—y por eso te daré un regalo. Te daré una larga vida. Te dejaré comer hasta hartarte de los animales muertos que encuentres en las montañas. Y la gente que te mate también morirá.

Cuniraya dejó al cóndor y volvió a su búsqueda de Cavillaca. Pronto Cuniraya se encontró con una mofeta.

—Hermana mofeta—le dijo—dime, ¿ha visto a una joven pasar corriendo por aquí?

—Sí, la vi—dijo la mofeta—. Se fue por ahí. Pero dudo que alguien tan viejo como tú pueda atraparla; corrió como el viento.

Cuniraya se sintió insultado por lo que le dijo la mofeta, así que le echó una maldición—. ¡Nunca verás la luz del día! ¡Solo andarás de noche, y olerás tan mal que ningún otro animal querrá acercarse a ti!

Cuniraya dejó la mofeta y volvió a su búsqueda de Cavillaca. Pronto Cuniraya se encontró con un puma.

—Hermano Puma—dijo Cuniraya—dime, ¿viste a una joven pasar corriendo por aquí?

—Sí, la vi—dijo el puma—. Se fue por ahí no hace mucho tiempo. Deberías encontrarla pronto.

—Te estoy agradecido—dijo Cuniraya—y por eso te daré un regalo. Comerás muchas llamas gordas, y si la gente te mata, lo harán para poder usar tu cabeza en los festivales. De esa manera siempre podrás bailar en los festivales, también.

Cuniraya dejó al puma y volvió a su búsqueda de Cavillaca. Pronto Cuniraya se encontró con un zorro.

—Hermano Zorro—dijo Cuniraya—dime, ¿has visto a una joven pasar corriendo por aquí?

—Sí, la vi—dijo el zorro—pero eso fue hace mucho. Debe estar muy lejos de aquí ahora. No creo que la alcances nunca.

Lo que dijo el zorro hizo que Cuniraya se enfadara mucho—. ¡Una maldición sobre ti!—dijo Cuniraya—. Siempre te escabullirás con astucia, y la gente dirá que eres un ladrón y un embaucador. Si te matan, no usarán tu cuerpo como alimento, ¡y ni siquiera usarán tu piel como ropa o adorno!

De la misma manera que se había encontrado a los otros animales, Cuniraya se encontró con un halcón.

—Hermana Halcón—dijo Cuniraya—¿ha visto a una joven doncella corriendo por aquí?

—La he visto—dijo el halcón—y no hace mucho tiempo. Creo que debes estar cerca de ella.

—Una bendición para ti—dijo Cuniraya—. Tendrás otros pájaros para tu comida en gran cantidad. A veces la gente te matará, pero cuando lo hagan, te honrarán con el sacrificio de una llama. Te pondrán sobre sus cabezas cuando bailen en los festivales. De esa manera siempre podrás bailar en los festivales también.

Cuniraya siguió su camino, todavía persiguiendo a Cavillaca. Corrió y corrió hasta que se encontró con unos pericos. Les hizo la misma pregunta que a los otros animales, y ellos respondieron—: Oh, ella está muy lejos de aquí. Corría tan rápido que nunca la alcanzarás por mucho que lo intentes.

—¡Una maldición sobre ustedes!—dijo Cuniraya—. Siempre volarán por ahí chillando y gritando, y la gente les odiará y les echará de sus campos y huertos.

Dondequiera que Cuniraya iba, pedía noticias de la doncella Cavillaca. Si le daban buenas noticias y ánimo, daba una bendición. Pero los que le daban malas noticias, una maldición.

Cuniraya corrió una y otra vez, persiguiendo a Cavillaca. Pero nunca la atrapó. Cuniraya llegó a la orilla del mar y descubrió que la doncella y su bebé habían salido a las profundidades del océano donde se habían convertido en piedra.

Viendo que ya no tenía sentido tratar de encontrar a Cavillaca, Cuniraya se volvió hacia el interior. Caminó hasta llegar al lugar donde vivían las hijas de Pachacamac, junto con una serpiente gigante que era su guardián. La madre de las niñas se llamaba Urpay Huachac, y cuando Cuniraya llegó a ese lugar, se encontró con que la madre no estaba, ya que había ido a visitar a Cavillaca en su nuevo hogar en el mar.

Cuniraya miró a las hijas de Pachacamac, y las deseó mucho. Entró en la casa e hizo el amor con la hija mayor, pero cuando intentó hacer lo mismo con la menor, ella se convirtió en paloma y se fue volando. Y así fue como su madre se llamó Urpay Huachac, que significa "Da a luz a las palomas".

En esa época, todos los peces que había en el mundo vivían en un pequeño estanque cerca de la casa de Urpay Huachac. No había ni un solo pez en el océano. Cuniraya estaba enojado porque la hija menor no quería dormir con él, así que sacó todos los peces del estanque y los arrojó al océano, diciendo—: Urpay Huachac se ha ido al océano a visitar Cavillaca. ¿Por qué no van y se unen a ellos allí?—y así es como el océano llegó a estar lleno de peces.

Después de arrojar todos los peces al océano, Cuniraya se alejó de ese lugar y continuó su viaje. Pero pronto Urpay Huachac volvió a casa, y sus hijas le contaron todo lo que Cuniraya había hecho mientras estuvo allí. Urpay Huachac estaba furiosa porque Cuniraya se había atrevido a dormir con su hija mayor y que él también se había atrevido a ir tras la más joven, así que Urpay Huachac fue corriendo tras Cuniraya tan rápido como pudo, llamándolo por su nombre todo el tiempo.

Muy pronto, Cuniraya oyó a Urpay Huachac llamándolo, y se detuvo a esperarla—. ¿Qué quieres de mí?—le dijo.

—Quiero quitarte los piojos de la cabeza—dijo Urpay Huachac.

—Muy bien—dijo Cuniraya, y la dejó coger los piojos de su cabeza.

Pero Urpay Huachac tenía un plan. Pretendía destruir a Cuniraya en venganza por lo que él había hecho a sus hijas. Algunos dicen que Urpay Huachac hizo un gran agujero en el suelo para que ella pudiera arrojar a Cuniraya en él. Otros dicen que ella creó una gran piedra que pretendía dejar caer sobre su cabeza. Pero cualquiera que fuera el plan que tenía, Cuniraya sabía que Urpay Huachac no tenía buenas intenciones con él, así que la dejó, diciendo que necesitaba aliviarse. Una vez que estuvo fuera de su vista, huyó a otro pueblo, y así escapó de la ira de Urpay Huachac.

Y así fue como Cuniraya siguió su viaje por el mundo, viendo lo que había que ver y jugando con la gente y las *huacas* por igual.

La historia de Huanacauri

Una de las características de la mitología inca es el concepto de dioses multi partitos. Vemos esto con Viracocha, que parece haber sido concebido como una trinidad, y también con Pariacaca, un dios que aparentemente es cinco seres en uno. Pariacaca no solo es un ser complejo, sino que aparentemente es capaz de engendrar un hijo incluso antes de que él mismo nazca: el héroe de este cuento, Huanacauri, es el hijo de Pariacaca, pero el propio Pariacaca sigue confinado dentro de los cinco huevos de cóndor de su propia génesis.

Aunque es el hijo de un dios, Huanacauri es un hombre pobre. Se enamora de la hija de un hombre rico y consigue casarse con ella, pero al hacerlo, se enemista con su rico y orgulloso cuñado, al que Huanacauri derrota en una serie de concursos y que finalmente se transforma en un ciervo. Por lo tanto, este mito también funciona como un cuento con moraleja contra el orgullo y el maltrato de los menos afortunados.

Esta historia y otras sobre el dios Pariacaca están registradas en el llamado Manuscrito de Huarochirí. Está escrito en quechua y fue compilado en el siglo XVI por Francisco de Ávila, un clérigo español cuya misión era erradicar las creencias incaicas tradicionales y sustituirlas por el cristianismo. Este manuscrito, que fue redescubierto en una biblioteca de Madrid en 1939, fue parcialmente destruido durante la Segunda Guerra Mundial, aunque se conservan varias copias modernas de su contenido. El manuscrito está dedicado a los mitos, leyendas y creencias religiosas de la provincia de Huarochirí, que es una zona del centro-oeste del Perú en las cercanías de Lima.

Había una vez un hombre llamado Huanacauri que era tan pobre que vivía de las papas que recogía de los campos de otros que luego asaba en fosos en la ladera de la colina. Podía haber sido pobre, pero Huanacauri era el hijo del poderoso dios Pariacaca, y así su vida fue bendecida, y realizó muchas maravillas.

No muy lejos de donde vivía el pobre había un hombre muy rico llamado Tantañanca. Tantañanca vivía en una casa cubierta con las coloridas plumas de pájaros, y la suave y gruesa paja brillaba al sol para que pudiera ser vista desde muy lejos. Tantañanca también poseía un vasto rebaño de llamas, pero lo que era sorprendente no era su número, sino sus colores. Así como los pájaros tienen plumas rojas, azules y verdes, también las llamas de Tantañanca tenían pelaje rojo, azul y verde, de modo que cuando eran esquiladas no había necesidad de teñir la lana antes de hilarla en un hilo fino, y la lana de las llamas de Tantañanca era el mejor hilo del mundo entero.

La gente de todo el lugar vio lo espléndida que era la casa de Tantañanca y lo grande y colorido que era su rebaño de llamas, y se dijeron unos a otros—: ¡Tantañanca es un buen tipo! ¿Ves lo rico que es? Seguramente debe ser pariente de un ser divino, ¡o tal vez él mismo sea divino! Ven, vamos a pedirle consejo, porque debe saber muchas cosas.

Excepto que Tantañanca no era realmente tan sabio, ni era divino en absoluto, pero se sentía halagado por lo que la gente decía de él, y por eso fingía saber muchas cosas que no conocía. Tan inteligente y engañoso era Tantañanca que logró convencer a la gente de su sabiduría, y después de escucharlos cantar sus alabanzas continuamente, comenzó a pensar para sí mismo—Tal vez lo que la gente dice de mí es verdad. ¡Quizás soy realmente un dios!

Esto continuó durante algún tiempo hasta que un día Tantañanca se puso muy enfermo, y a pesar de los esfuerzos de los mejores médicos, nadie pudo encontrar una cura para su dolencia. Pasaron los años, y aun así Tantañanca estaba muy enfermo, así que la gente comenzó a preguntarse cuán sabio era realmente si no podía encontrar una cura para su propia enfermedad. También comenzaron a preguntarse si tal vez habían sido engañados por él, y así comenzaron a volverse contra él.

Un día, después de que Tantañanca hubiera estado en su lecho de enfermo durante muchos años, Huanacauri estaba durmiendo en la ladera de una montaña cerca de la casa del rico. Por la noche, Huanacauri fue despertado por unas voces. Sin saber quién hablaba y temiendo a los ladrones que podrían hacerle daño, Huanacauri se mantuvo muy quieto y escuchó. Pronto se dio cuenta de que las voces no eran las de los hombres, sino las de dos zorros que se habían reunido en sus merodeos esa noche e intercambiaban noticias de los lugares en los que habían estado.

—Déjame que te cuente lo que oí en el Alto Villca—dijo un zorro al otro—. ¿Conoces a ese señor rico que vive en Anchi Cocha, el que tiene la casa toda cubierta de plumas y que dice ser un dios?

—Sí, así es—dijo el segundo zorro—. ¿Tienes noticias de él?

—Sí—dijo el primer zorro—. Ha estado muy enfermo durante muchos años, y nadie sabe qué le pasa o cómo curarlo. Pero yo conozco la causa, y sé cómo podría ser curado.

—Ese hombre rico está enfermo porque un día su mujer estaba tostando maíz para otro hombre que había venido a visitarle, y uno de los granos de maíz salió de la sartén y cayó en su regazo. Ella cogió el grano y lo puso en el plato con los otros, y el hombre se lo comió, que es lo mismo que si hubiera dormido con ella. Como castigo, dos serpientes han venido a posarse en las vigas de su casa, y un sapo de dos cabezas ha cavado su camino bajo su piedra de moler, y son estas cosas repugnantes las que están causando la enfermedad del hombre rico.

—¡Es una gran historia!—dijo el segundo zorro—. Es una lástima para ese hombre y su familia; nadie podrá encontrar esa cura. Su hija menor pasará el resto de sus días cuidando a su padre en vez de casarse como lo hizo su hermana mayor.

Los dos zorros hablaron de muchas otras cosas antes de darse las buenas noches e irse a casa con sus cosas, pero Huanacauri no escuchó mucho más. Su mente estaba llena con la difícil situación del hombre rico y de cómo podría usar este conocimiento para su propio beneficio. Huanacauri también pensó en lo que los zorros habían dicho sobre las hijas del hombre rico.

Por la mañana, Huanacauri bajó al pueblo donde vivía Tantañanca y comenzó a preguntar por la salud del hombre rico. Una de las personas a las que preguntó era la hija menor de Tantañanca—. Mi padre es el que está enfermo—dijo la doncella.

—Oh, eso es muy triste—dijo Huanacauri.

—Sí—respondió ella—porque nadie ha podido curarlo durante muchos años, y él sufre mucho.

—Llévame a ver a tu padre—dijo Huanacauri—. Tal vez pueda ayudarlo.

Juntos los jóvenes fueron a la casa de Tantañanca, donde el hombre rico estaba en la cama rodeado de médicos que murmuraban entre ellos sobre lo triste que era el caso y a veces discutían sobre qué cura debían intentar a continuación.

La hija, que se llamaba Chaupi Ñamca, llevó a Huanacauri a la cabecera de su padre y le dijo que el joven pensaba que podía curar su enfermedad. Cuando los médicos oyeron esto, empezaron a reírse—. ¿Qué va a hacer un joven mendigo como tú que ninguno de nosotros, sabios y entendidos, no haya intentado ya? ¡Lárgate!

Pero Tantañanca dijo—: Que venga a mí y me diga lo que quiere hacer. Ninguno de ustedes ha sido capaz de curarme, así que bien puedo escuchar lo que este joven quiere intentar. No me importa que sea pobre y esté vestido con harapos, mientras pueda curarme.

Huanacauri fue a la cama de Tantañanca y le dijo—: Señor, creo que puedo curarlo, pero solo lo haré con una condición: debe darme a su hija menor para que sea mi novia.

—Con buena voluntad haré esto si puedes hacer que me recupere— dijo Tantañanca.

Huanacauri explicó que la enfermedad de Tantañanca fue causada por las serpientes de las vigas y el sapo bicéfalo que estaba debajo de la piedra de moler, y que habían venido a enfermar a Tantañanca después de que su esposa le diera el grano de maíz que había caído en su regazo a otro hombre.

—Si me deshago de las serpientes y del sapo, te pondrás bien—dijo Huanacauri—. Y cuando te hayas recuperado, debes dejar de creerte un dios, porque un dios no se dejaría enfermar. En su lugar, debes adorar a mi padre, Pariacaca, que vendrá al mundo en pocos días.

Tantañanca aceptó con gusto todo esto, así que Huanacauri se puso a cazar los viles animales que enfermaban al hombre rico. Primero, subió a las vigas de la casa y mató a las serpientes. Luego salió a donde estaba la piedra de moler y la levantó. Cuando el sapo bicéfalo vio a Huanacauri, se escapó a un barranco cercano e hizo su hogar en un manantial allí. Y por eso cuando la gente va a ese manantial, se vuelven locos.

Una vez que las alimañas fueron asesinadas o expulsadas, Tantañanca se recuperó. Cumplió su promesa a Huanacauri, y pronto su hija y el hombre pobre se convirtieron en marido y mujer.

La esposa de Huanacauri tenía una hermana que estaba casada con un hombre rico y poderoso. Este hombre se avergonzó de que su cuñada se hubiera casado con un mendigo errante, y juró vengarse. El cuñado fue a Huanacauri y le dijo—Deberíamos ver quién de nosotros es el mejor hombre. Propongo que hagamos un concurso de bebida y baile.

Huanacauri aceptó el desafío de su cuñado, y luego subió a la ladera de la montaña donde había cinco huevos. En los huevos estaba Pariacaca, el padre de Huanacauri. Todavía estaba dentro de los huevos, porque todavía no había llegado el momento de que viniera al mundo. Huanacauri fue a los huevos y le dijo a su padre que había sido desafiado a un concurso de bebida y baile. Preguntó qué consejo podría tener Pariacaca para él.

—Ve a esa montaña de allí y finge ser un guanaco muerto—dijo Pariacaca desde el interior de los huevos—. Estoy esperando que un zorro y un zorrino me visiten mañana por la mañana. Suelen traer un frasco lleno de cerveza de maíz. El zorrino trae un tambor, y el zorro también trae sus zampoñas, pero cuando te vean, las dejarán y se acercarán a ti para empezar a comerte. Cuando hagan eso, salta en forma de hombre y grita tan fuerte como puedas. Se asustarán tanto que huirán y olvidarán su tarro, sus zampoñas y su tambor. Entonces puedes venir aquí y coger esas cosas y llevarlas al pueblo para usarlas en el concurso.

Huanacauri hizo lo que le dijo Pariacaca, y cuando hubo asustado al zorrino y al zorro, recogió sus pertenencias y bajó al pueblo para hacer el concurso con su cuñado. El cuñado fue el primero en el baile. Bailó con todas sus esposas, y tenía cientos de ellas. Luego fue el turno de Huanacauri. Bailó con su única esposa, pero tocó el tambor del zorrino mientras bailaba, y cada vez que tocaba el tambor, la tierra temblaba. La gente declaró que Huanacauri había ganado el concurso de baile porque aunque el hombre rico tenía muchas esposas para bailar con él, la tierra entera había bailado con Huanacauri.

Entonces llegó el momento del concurso de beber. La gente servía vaso tras vaso de cerveza de maíz a Huanacauri, pero no importaba cuánto bebiera, nunca se emborrachaba. Cuando le tocó a Huanacauri servir, tomó el frasco de cerveza que había tomado del zorro y del zorrino y fue por ahí sirviendo a toda la gente. No importaba cuánta cerveza derramara, siempre había más en el frasco, y cuando la gente bebía sus vasos de cerveza, cada uno caía borracho después de un solo sorbo. Y así Huanacauri también ganó el concurso de beber.

El cuñado se enfureció porque Huanacauri lo había vencido tan fácilmente en los concursos de bebida y baile, así que propuso otro desafío–. Bailemos en la plaza con nuestras mejores pieles de puma–dijo–. Quien mejor se adorne y baile mejor será el ganador.

El cuñado era un hombre muy rico, y tenía muchas pieles finas de puma. Pensó que sería fácil ganar este concurso porque no había manera de que un pobre mendigo como Huanacauri tuviera ni una sola andrajosa piel de puma, menos aún la fina colección que tenía el hombre rico.

Huanacauri no se amilanó. Subió a la montaña donde estaban los huevos y le preguntó a su padre qué hacer con este concurso.

–¿Ves esa montaña de ahí?–dijo Pariacaca desde el interior de los huevos–. En la ladera de esa montaña hay una fuente, y junto a la fuente hay una fina piel de puma. Ve allí y toma la piel. Puedes usarla para tu concurso.

Huanacauri hizo lo que Pariacaca le ordenó. Cerca de la fuente encontró una fina piel de puma roja que se puso. Huanacauri regresó al pueblo y anunció que estaba listo para el desafío. El hombre rico se sorprendió de que Huanacauri llevara una piel de puma tan fina, pero pensó para sí mismo que seguramente el pobre mendigo nunca sería capaz de bailar tan bien como un hombre rico. Y así, el cuñado hizo su baile en su piel de puma, y la gente pensó que había bailado muy bien y se veía muy bien en su piel de puma. Pero cuando Huanacauri bailó, un arco iris apareció en el cielo sobre su cabeza, y así la gente juzgó que Huanacauri había ganado el concurso.

El hombre rico estaba avergonzado y enojado de que Huanacauri le hubiera ganado una vez más, así que propuso un cuarto concurso.– Veamos quién puede construir una casa más rápido–dijo.

Huanacauri aceptó el concurso, y así el hombre rico comenzó de inmediato a construir la casa. El hombre rico contrató a muchos trabajadores para que vinieran y construyeran la casa para él, pero Huanacauri solo se ocupó de los cimientos de la suya y luego pasó el resto del día con su esposa. Al final del día, la casa del rico estaba casi terminada, pero la de Huanacauri era solo cimientos. Pero esa noche, pájaros, serpientes y muchos otros tipos de animales vinieron a la casa de Huanacauri y levantaron las paredes por él.

Por la mañana, el cuñado de Huanacauri se sorprendió al ver que la casa del pobre estaba casi terminada, al igual que la suya. Así que propuso que el siguiente reto sería ver quién podría construir el mejor techo. Guanacos y vicuñas trajeron la paja para la casa de Huanacauri, y pronto el techo estuvo terminado. El otro hombre esperó a que su paja fuera traída en llamas, pero nunca llegó porque un gato montés amigo de Huanacauri atacó a las llamas y las condujo por un acantilado. Y así Huanacauri también ganó ese concurso.

Entonces Huanacauri le dijo a su cuñado—: Hemos tenido muchos concursos, pero siempre has sido tú el que los ha propuesto. Si propongo un desafío, ¿aceptarás?

—Sí, aceptaré tu desafío—dijo el rico, pensando que finalmente tendría la oportunidad de derrotar a Huanacauri.

—Pongámonos las túnicas azules y los taparrabos blancos y bailemos—dijo Huanacauri—. El que mejor baile será el ganador.

—De acuerdo—dijo el rico, y así se pusieron sus túnicas azules y sus taparrabos blancos y fueron a la plaza a bailar.

El rico bailó primero, pero mientras bailaba, Huanacauri corrió hacia él, gritando tan ferozmente como pudo. El rico se asustó tanto con Huanacauri que se convirtió en un ciervo y se alejó del pueblo y subió la montaña. Cuando la esposa del rico vio que su marido había huido en forma de ciervo, fue corriendo tras él.

—¡Corre todo lo que quieras!—gritó Huanacauri—. ¡Estoy cansado de todos tus concursos! ¡Estoy cansado de que pienses que eres el mejor solo porque eres rico! ¿Pensaste que te vengarías de mí por ser pobre? ¡No, soy yo quien se vengará de ti!

Así que Huanacauri fue corriendo tras ellos, y pronto alcanzó a la esposa. La agarró y la puso boca abajo sobre su cabeza, donde se convirtió en piedra. Y hasta el día de hoy, en ese lugar hay una piedra que se parece a la mitad inferior del cuerpo de una mujer, que sobresale del suelo como si estuviera al revés. Pero el hombre rico huyó a las montañas en forma de ciervo y nunca más se le vio ni se supo de él.

Y estas son todas las acciones que Huanacauri hizo en el tiempo antes de que Pariacaca emergiera de los cinco huevos.

El viaje de Pariacaca

Pariacaca, un dios primario de la región de Huarochirí, es una deidad del agua que es cinco seres en uno. Vemos su asociación con el agua aquí cuando llama a la lluvia que provoca un alud de lodo sobre las personas que le han faltado el respeto y también en su trabajo para crear canales para el riego de los cultivos en una zona que está experimentando la sequía. Como muchas otras deidades que se encuentran en los mitos de todo el mundo, Pariacaca también es susceptible a los encantos de las mujeres hermosas, y aquí se enamora de una huaca femenina llamada Chuqui Suso.

Cuando Pariacaca decidió venir al mundo, apareció por primera vez como una nidada de cinco huevos de cóndor en la ladera de una montaña. Allí esperó hasta el momento adecuado, y entonces los huevos eclosionaron en cinco finos cóndores. Los cóndores volaron sobre las montañas, pero finalmente se convirtieron en hombres que viajaron por todo el mundo.

Un día, Pariacaca fue a un pueblo de Yunca. Los aldeanos estaban celebrando una fiesta ese día. Se regocijaban, comían mucha comida y se emborrachaban mucho con la cerveza de maíz. Pariacaca fue a unirse a ellos, sentándose al final del festín en el lugar más bajo, como corresponde a un extraño visitante. Esperó y esperó, pero nadie le trajo comida o bebida. Esperó y esperó un poco más, y aun así los aldeanos siguieron comiendo y bebiendo sin ofrecer nada a Pariacaca. Esto continuó todo el día hasta que finalmente una de las mujeres del pueblo notó al pobre Pariacaca sentado allí y dijo—: ¡Oh, esto es vergonzoso! ¡No se te ha dado nada de comer ni de beber! ¿Cuánto tiempo has estado esperando?—y así, llenó un gran vaso hasta el borde con cerveza de maíz y se la llevó.

—Gracias por la bebida, hermana—dijo Pariacaca—. Como has sido amable conmigo donde otros no lo han sido, te diré un importante secreto. Dentro de cinco días, habrá una terrible tragedia en este pueblo. Estoy enfadada con toda la gente de aquí, pero no contigo, y no quiero matarte a ti ni a tu familia por error. Si quieres vivir, toma a tu familia y vete lejos, muy lejos de aquí. Te lo hago saber porque has sido amable conmigo, pero si dices una palabra a alguien más aquí, también morirás.

Cinco días después, los aldeanos seguían en su fiesta, comiendo y bebiendo, pero la mujer dejó la aldea con su marido y sus hijos. También sus otros parientes se fueron con ellos, y así esa familia se salvó del desastre que estaba por venir.

Y así fue como se produjo el desastre: Pariacaca se enfadó porque los aldeanos no le habían dado la hospitalidad debida a un extraño y un invitado, así que subió a la cima de la montaña que se alzaba sobre el pueblo. Allí hizo que lloviera. Las capas de lluvia cayeron en grandes y pesadas gotas, y pronto la tierra en la cima de la montaña era tan pesada y húmeda que se deslizó por la ladera de la montaña hasta el pueblo. El alud de lodo cayó y arrastró todas las casas, los animales y los habitantes de la aldea. Toda la aldea fue arrastrada directamente al mar.

Cerca del pueblo de Yunca, que fue destruido por el deslizamiento de tierra, había un lugar llamado Cupara, y en Cupara, estaban sufriendo una sequía. No habían tenido lluvias, y los canales para llevar agua a sus campos se estaban secando. El maíz se estaba muriendo en los campos, y no había nada que nadie pudiera hacer al respecto.

Pariacaca llegó a Cupara, y allí vio a una mujer llamada Chuqui Suso trabajando en su campo de maíz. Trataba de regar el maíz a mano y lloraba porque sabía que no podía dar suficiente agua a las plantas por mucho que trabajara, y estaba segura de que se moriría de hambre. Chuqui Suso era muy hermosa, y Pariacaca la deseaba mucho. Pariacaca vio que los campos de Chuqui Suso estaban siendo regados por un pequeño estanque cercano, así que detuvo la boca del canal allí con su capa e hizo que el agua dejara de fluir por completo. Luego se dirigió a la mujer y le preguntó por qué estaba tan apenada.

—No tengo suficiente agua para mis plantas de maíz—dijo ella—, y no sé qué voy a hacer.

—Sí, eso es problemático—dijo Pariacaca—, pero puedo darte mucha agua si duermes conmigo.

—Te dejaré dormir conmigo después de que hagas fluir el agua—dijo la mujer—y después de que vea que mi campo tiene suficiente agua.

—Muy bien—dijo Pariacaca.

Entonces Pariacaca quitó el manto de la boca del canal. También incrementó el flujo de agua, y pronto el campo estuvo muy bien regado. Chuqui Suso se regocijó al ver que su maíz ahora crecería bien.

—Ahora vamos a dormir juntos—dijo Pariacaca.

—Todavía no—dijo la mujer—. Creo que sería mejor esperar. Tal vez mañana.

—¿Y si hago un canal que vaya desde el río hasta tus campos? Entonces nunca más te faltará agua. ¿Dormirás conmigo si hago eso por ti?

—Sí, entonces sí que me acostaré contigo—dijo Chuqui Suso—. Cava el canal del río, y podremos dormir juntos cuando esté terminado.

—Muy bien—dijo Pariacaca.

Todo tipo de animales vinieron a ayudar a cavar ese canal. Había pumas y zorros, serpientes y pájaros, y todos trabajaron juntos. Pero antes de empezar, decidieron elegir un líder para dirigir el trabajo. Todos los animales querían ser el líder, pero finalmente decidieron que el zorro sería el mejor.

Bajo la dirección del zorro, los animales comenzaron a trabajar en el curso de agua. Cuando estaba a mitad de camino, el zorro accidentalmente sacó a un pájaro de tinamú de su escondite. Esto asustó tanto al zorro que saltó en el aire y gritó, y luego cayó a mitad de camino por la ladera de la montaña.

—No podemos trabajar con un líder así—dijeron los otros animales—. Se asusta por las cosas más pequeñas. Dejemos que la serpiente se encargue ahora.

La serpiente se hizo cargo de los trabajos, y pronto el nuevo canal estaba todo terminado y dirigiendo un fino flujo de agua hacia el campo de maíz de Chuqui Suso.

Pariacaca fue entonces a Chuqui Suso y dijo—: He cumplido mi promesa. Tus campos tienen ahora una buena fuente de agua. Tus plantas de maíz crecerán y darán una buena cosecha. ¿Cumplirás ahora tu promesa?

—Sí, ciertamente—dijo Chuqui Suso—. Subamos a ese lugar alto. Allí podremos dormir muy bien juntos.

Y así Pariacaca y Chuqui Suso fueron al lugar alto que ella le mostró, y allí durmieron juntos. Cuando eso terminó, Chuqui Suso dijo—: Vayamos a un lugar diferente.

Pariacaca estuvo de acuerdo, y así empezaron a bajar por la ladera de la montaña. Llegaron a un lugar llamado Coco Challa, donde estaba la boca del canal que regaba los campos de Chuqui Suso. Cuando llegaron a la orilla del canal, Chuqui Suso gritó—: ¡No iré más lejos! ¡Me quedaré aquí en la boca del canal y no iré a ninguna otra parte!

Con eso, Chuqui Suso se convirtió en piedra, y ahí está hasta el día de hoy.

El combate de Pariacaca y Huallallo Carhuincho

La Cordillera de los Andes es la cadena montañosa más alta del mundo fuera de Asia. También forman parte del Cinturón de Fuego del Pacífico y por lo tanto es el hogar de varios volcanes activos, que son creados por el movimiento de la placa tectónica sudamericana contra la Placa de Nazca. En la historia que se relata a continuación, vemos un conflicto tradicional entre un ser de fuego (probablemente un volcán antropomorfo) y un ser de agua que puede traer lluvia, granizo y deslizamientos de lodo.

Una vez hubo una *huaca* llamada Huallallo Carhuincho. Esta *huaca* era una temible criatura hecha de fuego. Gobernaba a la gente, ordenándoles que no tuvieran más de dos hijos y que uno de ellos le fuera dado de comer. El pueblo tenía mucho miedo de Huallallo, pero no tenían el poder para hacerlo desaparecer o para dejar de comer a sus hijos.

Pariacaca sabía que Huallallo había estado aterrorizando al pueblo y comiéndose a sus hijos. Se propusieron encontrar a Huallallo y derrotarlo, para que el pueblo pudiera vivir en paz.

Pariacaca no era un solo ser, sino cinco. Pariacaca surgió de cinco huevos de cóndor, primero en forma de cinco grandes cóndores que luego tomaron forma humana y vagaron por el mundo. Los cinco Pariacacas se reunieron en Ocsa Pata. Tomaron sus bolas y las hicieron girar, cada vez más rápido. Cuando Pariacaca giró las bolas, el frío glacial y una gran lluvia de granizo entraron en ese lugar.

Mientras Pariacaca movía sus bolas, un hombre subió a la ladera de la montaña. El hombre llevaba un niño en un brazo y un bulto de ofrendas en el otro, y estaba llorando muy dolorosamente. Pariacaca vio al hombre y dejó de mover sus bolas—. Amigo—dijo Pariacaca, ¿por qué lloras tanto?

—Señor—dijo el hombre—, yo me llevo a mi hijo a Huallallo Carhuincho, porque esa *huaca* ha ordenado que no tengamos más de dos hijos y que le demos uno de los dos para comer. De lo contrario nos destruirá. Yo me llevo a este niño a Huallallo para que sea su alimento, y por eso lloro.

Pariacaca se enojó cuando escuchó esto—. No lleves a tu hijo a Huallallo. Llévalo de vuelta a tu pueblo. Dame tu bulto de ofrendas. Iré a Huallallo y lo derrotaré, y así tú y tu pueblo podrán vivir en paz con todos sus hijos.

—Lucharé con Huallallo en cinco días. Debes venir aquí y ver el combate. Lucharé contra Huallallo con agua, y él luchará contra mí con fuego. Si estoy ganando, debes gritar: "¡Nuestro padre seguramente saldrá victorioso!" Pero si Huallallo parece estar ganando, debes declarar que la lucha ha terminado.

Al principio, el hombre se negó a hacer lo que dijo Pariacaca—. No puedo hacer esto. Huallallo seguramente se enfadará conmigo.

—No te preocupes por él—dijo Pariacaca—. Yo me ocuparé de Huallallo, y tú estarás a salvo.

Finalmente, llegó el día en que Pariacaca luchó con Huallallo. Los cinco seres que eran Pariacaca enviaron la lluvia sobre Huallallo desde cinco direcciones. Lanzaron rayos sobre Huallallo desde cinco direcciones.

Huallallo rugió en una gran columna de fuego. No importaba cuánta lluvia enviara Pariacaca, la llama de Huallallo no se podía apagar. De esta manera, Huallallo y Pariacaca lucharon todo el día, y ninguno de los dos pudo vencer al otro, y el agua de las lluvias de Pariacaca se precipitó por la ladera de la montaña y fluyó hasta el mar.

Finalmente, uno de los Pariacaca, el llamado Llacsa Churapa, derribó una montaña y bloqueó el flujo de agua. Pronto se formó un lago detrás de la presa. Huallallo quedó atrapado en las aguas crecientes detrás de la presa. Su fuego estaba casi extinguido, y todo el tiempo Pariacaca seguía lanzándole rayos, sin parar ni una sola vez para dar un respiro a su enemigo.

Huallallo vio que nunca sería capaz de derrotar a Pariacaca, así que corrió montaña abajo hacia las tierras bajas. El Pariacaca conocido como Paria Carco siguió a Huallallo y se plantó al pie del paso de la montaña para que Huallallo nunca pudiera regresar. Además, Pariacaca ordenó que Huallallo no volviera a comer niños, sino solo perros a partir de entonces.

Huallallo Carhuincho tenía una compañera, una mujer llamada Mama Ñamca. Al igual que Huallallo, Mama Ñamca era un ser hecho todo de fuego. Pariacaca sabía que también tendría que derrotar a Mama Ñamca si quería completar su victoria, así que fue a

Tumna donde sabía que Mama Ñamca estaría. Uno de los hijos de Pariacaca, Chuqui Huampo, fue con él.

Mama Ñamca vio venir a Pariacaca. Sabía que venía a luchar con ella, así que le lanzó un arma, pero le dio a Chuqui Huampo. Pariacaca fue a Mama Ñamca y luchó con ella. La venció y la arrojó al mar.

Una vez que Mama Ñamca fue derrotada, Pariacaca volvió al lado de Chuqui Huampo. Chuqui Huampo estaba ahora cojo porque el golpe de Mama Ñamca le había roto el pie—. No puedo caminar bien—dijo Chuqui Huampo—, así que me quedaré aquí y me aseguraré de que Mama Ñamca no vuelva.

Pariacaca estuvo de acuerdo en que este era un buen plan. Chuqui Huampo se quedó en ese lugar, y Pariacaca se aseguró de que su hijo tuviera suficiente comida para mantenerlo. Pariacaca también dijo que la gente de ese lugar debía llevar un tributo de hojas de coca cada año y sacrificar una llama que aún no había parido en honor a Chuqui Huampo.

Y así fue como Pariacaca derrotó a Huallallo Carhuincho y a Mama Ñamca.

PARTE II: MITOS POLÍTICOS INCAICOS

La historia de Manco Cápac

La transformación de un personaje histórico real en un personaje mítico más grande que la vida es un proceso común en muchas culturas, un proceso que los incas también aparentemente abrazaron en sus historias sobre Manco Cápac, el fundador y primer gobernante del estado inca. Los gobernantes posteriores, que utilizaron el nombre "inca" como título real, remontaron su linaje y sus reivindicaciones al trono a esta figura mito-histórica.

Aunque Manco Cápac pudo haber sido un personaje histórico real que gobernó Cuzco, probablemente a principios del siglo XIII, su historia se convirtió en un mito político. Hay varias versiones de esta historia que fueron compiladas por redactores españoles a partir de testigos incas durante el período colonial temprano. Todas estas versiones del relato afirman algún tipo de origen divino para Manco Cápac y sus compañeros, así como una variedad de habilidades sobrehumanas que les permitieron conquistar a los pueblos en los diversos lugares en los que se establecieron en su camino hacia la fundación de la capital inca del Cuzco.

Hace mucho, mucho tiempo, en el lugar llamado Pacaritambo, que significa "Taberna del amanecer", había un cerro llamado Tambotoco, que significa "Ventana de la taberna". Y en la colina llamada Tambotoco había una cueva que tenía tres ventanas. Una ventana se llamaba Capactoco, que es "Ventana Real". La Ventana Real estaba en el centro de las tres, y estaba hermosamente decorada con plata y oro. Las otras dos ventanas se llamaban Sutictoco y Marastoco, pero el significado de estos nombres se ha perdido.

De esta cueva de tres ventanas salieron los ancestros de los incas y de otros pueblos. Surgieron dentro de la cueva, sin tener madres o padres. De la ventana llamada Sutictoco vino la gente conocida como Tampus, e hicieron sus casas en las tierras alrededor de la colina. De la ventana llamada Marastoco vino la gente conocida como Maras, y vivieron en las tierras alrededor de Cuzco. De la ventana llamada Capactoco salieron cuatro hombres y cuatro mujeres. Vinieron de la Ventana Real porque eran los antepasados de los incas, y los fundadores de ese poderoso imperio. Algunos dijeron que estos antepasados de los incas eran los hijos de nada menos que Inti, el dios del sol, y Mama Quilla, la diosa de la luna.

Las personas que emergieron a través de la Ventana Real fueron Ayar Manco y su esposa, Mama Ocllo; Ayar Auca y su esposa, Mama Raua; Ayar Cachi y su esposa, Mama Huaco; y Ayar Uchu y su esposa, Mama Cura. Los hombres y las mujeres estaban todos muy bien vestidos. Sus ropas estaban hechas de lana finamente tejida y decoradas con oro. Los hombres llevaban alabardas doradas, y las mujeres llevaban todo lo necesario para preparar y servir las comidas, que también eran de oro.

Cuando los cuatro hombres y las cuatro mujeres salieron de la cueva, buscaron a su alrededor un lugar para construir sus casas. Caminaron a través de las montañas hasta que llegaron a un lugar llamado Huanacauri, que está cerca de Cuzco, donde hicieron sus casas y comenzaron a cultivar papas. Pero no estaban satisfechos de que este fuera el mejor lugar, así que un día subieron a la cima de una montaña para ver si podían encontrar una mejor tierra.

Cuando llegaron a la cima del cerro, Ayar Cachi tomó una piedra y la puso en su honda. Arrojó la piedra con todas sus fuerzas a una colina cercana. Tal fue la fuerza del brazo de Ayar Cachi que la piedra que lanzó aró a través de la colina, y cuando el polvo se despejó, los hombres y mujeres vieron que había un barranco en su lugar. Ayar Cachi tomó tres piedras más, y con ellas derribó tres cerros más y aró tres barrancos más.

Viendo esto, los demás comenzaron a preocuparse de que con su gran fuerza Ayar Cachi pudiera tratar de gobernarlos como un señor. Por lo tanto, planearon deshacerse de él para siempre. Fueron a Ayar Cachi y le dijeron—Oh hermano nuestro, hemos dejado muchas cosas de gran valor en nuestra cueva de origen, cosas que necesitaremos para nuestros nuevos hogares. ¿No volverás a buscarlas?

—Con buena voluntad haré eso—dijo Ayar Cachi, y entonces volvió a la cueva.

Los otros siguieron a Ayar Cachi en secreto, y cuando él entró en la cueva, tomaron una gran piedra y le taparon la boca de la cueva. Luego sellaron la piedra en su lugar con un muro hecho de muchas otras piedras y barro como mortero para que Ayar Cachi no pudiera salir por más que lo intentara. Los tres hombres y las cuatro mujeres esperaron para ver si Ayar Cachi podía sacar las piedras y abrir la boca de la cueva. Muy pronto, Ayar Cachi llegó a la boca tapiada de la cueva. Gritó y golpeó la piedra, pero no pudo moverla. Satisfechos de que Ayar Cachi quedara confinado en la cueva para siempre, los tres hombres y las cuatro mujeres volvieron a sus casas en Huanacauri. Como Mama Huaco ya no tenía marido, se convirtió en sirvienta de Ayar Manco.

Los tres hombres y las cuatro mujeres aún no habían encontrado un lugar adecuado para llamar a su casa. Subieron a la colina de Huanacauri para poder mirar todas las tierras de abajo y ver si alguno de esos lugares sería mejor. Mientras estaban en la cima de la colina mirando a su alrededor, un arco iris apareció en el cielo. El arco iris se cernía sobre el final del valle de Cuzco. Los Ayar y las Mamas vieron el arco iris, y miraron hacia el valle.

—Esta es una buena señal—dijo Ayar Manco—. Debemos ir al lugar marcado por el arco iris y allí hacer nuestros hogares.

Los otros estaban de acuerdo con este plan, pero antes de que pudieran comenzar su descenso al valle, una cosa maravillosa sucedió. Un gran par de alas brotaron de la espalda de Ayar Uchu. Las plumas eran largas y de muchos colores hermosos que brillaban a la luz. Mientras los demás miraban, Ayar Uchu desplegó sus alas y voló hacia el Sol. Ayar Manco, Ayar Auca, y las mujeres esperaban, esperando que Ayar Uchu volviera. Esperaron durante mucho tiempo, y justo cuando habían empezado a pensar que su hermano se había perdido para siempre, Ayar Uchu regresó.

—¡No tengan miedo!—dijo Ayar Uchu—. He hablado con nuestro Padre, el Sol, y me ha pedido que les traiga noticias. Dice que vas a ir al valle de Cuzco, donde encontrarán una nueva ciudad que será el comienzo de un poderoso imperio, el imperio de los incas. Allí también construirán templos al Sol, para que reciba la adoración y el honor que le corresponde.

—Nuestro Padre el Sol dice también que Ayar Manco será en adelante conocido como Manco Cápac, el Supremo Rico, porque se convertirá en el fundador del imperio y en el ancestro de todos los grandes incas que vendrán. ¡Vayan ahora al valle, y comiencen el trabajo que nuestro Padre el Sol les ha pedido que hagan!

Cuando Ayar Uchu terminó de hablar, se convirtió en piedra. Aunque a la familia de Ayar Uchu no le importó su transformación, los demás habitantes de la colina se asustaron al ver un ídolo de piedra con grandes alas volando en el cielo. Un día, la gente arrojó piedras al ídolo en el que se había convertido Ayar Uchu. Las piedras rompieron una de sus alas para que no pudiera volar más. Él vino a la tierra y el lugar donde aterrizó se convirtió en una *huaca*, un lugar sagrado para honrar a los dioses.

Dejando atrás al ídolo de Ayar Uchu, Manco Cápac, su hermano Ayar Auca, y las mujeres comenzaron su viaje hacia el Valle del Cuzco. En el camino, tomaron una vara de oro que pertenecía a Manco Cápac y la presionaron en el suelo. Dondequiera que fueran, encontraron que la vara no se adentraba más que un poco en la tierra. Por esta señal sabían que aún no habían llegado al lugar donde se iban a asentar. Viajaron a un lugar más lejano a lo largo del valle, probando el suelo con la vara todo el tiempo. Cuando no estaban lejos del lugar donde iban a construir la ciudad de Cuzco, clavaron la vara en el suelo. Esta vez, la tierra no resistió en absoluto; en cambio, cedió tan fácilmente que la vara fue rápidamente tragada y enterrada en el suelo. Entonces los Ayars y las Mamas supieron que habían llegado al lugar donde se iban a establecer, el lugar en el que iban a empezar a fundar su imperio.

Manco Cápac miró a esta nueva tierra, y no muy lejos vio un montón de piedras—. Ve y mira esas piedras—le dijo a Ayar Auca.

—Con buena voluntad lo haré—dijo Ayar Auca, a quien luego le brotaron un par de alas, como había hecho Ayar Uchu, y luego voló al lugar donde estaban las piedras.

Ayar Auca encontró que el montón de piedras estaba en un lugar donde dos arroyos se encontraban en sus cursos. Volando hacia abajo, se iluminó sobre una de las piedras y allí se transformó él mismo en piedra. Esto significaba que el lugar ahora pertenecía a los Ayar y a las Mamas, y en ese lugar se construyó el Templo del Sol.

Manco Cápac viajó a Matagua con las tres mujeres. Para entonces, Mama Ocllo había dado a luz a un buen hijo, cuyo nombre era Sinchi Roca. Cuando su asentamiento se había construido allí bajo el pico de Huanacauri, celebraron para Sinchi Roca el rito llamado *huarachico*, en el que se perforan por primera vez las orejas de los hijos de la nobleza, ya que era un signo de nobleza llevar tapones en los lóbulos de las orejas. También celebraron la fiesta de Capac Raymi, la gran danza que se hace para el cambio de año en el solsticio de verano, para honrar a Inti, el dios del sol.

Después de dos años en Matagua, Manco Cápac y las mujeres decidieron que era hora de buscar un lugar mejor para vivir. Para averiguar qué camino debían tomar, Mama Huaco tomó dos varas de oro y las lanzó hacia el norte. Mama Huaco era muy fuerte, y las varas fueron muy lejos. Una aterrizó en un lugar donde la tierra no había sido aterrazada. Esa vara no se hundió en el suelo. La otra varilla aterrizó en un campo cerca de Cuzco y se plantó firmemente en el suelo allí. Manco Cápac y las mujeres sabían que el lugar cerca de Cuzco sería el mejor para vivir, ya que la tierra allí estaba labrada y era fértil.

Fueron a esa tierra cerca de Cuzco, pero cuando llegaron, encontraron que ya estaba habitada por gente que cultivaba coca y pimientos picantes. Esas personas se resistieron a la llegada de Manco Cápac hasta que Mama Huaco tomó su honda y mató a uno de ellos. Entonces Mama Huaco le abrió el cuerpo, le quitó los pulmones y luego sopló dentro de ellos, haciendo que se hincharan. Esto se lo mostró a los habitantes de ese lugar, por lo que todos huyeron, dejando la tierra para que Manco Cápac y las mujeres la tuvieran para ellos.

Allí fue donde Manco Cápac y las mujeres se asentaron. Cultivaron la tierra y plantaron las semillas de maíz que habían traído cuando salieron de las cuevas. Construyeron un templo al Sol, que llamaron la Casa del Sol. Y extendieron su poder sobre la tierra, saliendo de vez en cuando y conquistando a los pueblos vecinos. Y cuando Manco Cápac era un hombre muy viejo y su hijo Sinchi Roca llegó a la madurez, Manco Cápac le entregó el título de inca a su hijo para que Sinchi Roca pudiera gobernar.

Y así fue como el imperio de los incas comenzó, hace mucho, mucho tiempo.

La historia de Mayta Cápac

Además del mito fundacional que pretendía otorgarles a los incas legitimidad política, otras historias sobre los incas posteriores también los pintan como seres más grandes que la vida con poderes especiales y orígenes divinos o semidivinos. Aquí tenemos la historia del deseo del inca Lloque Yupanqui de un heredero, que es concedido nada menos que por el mismo Sol. Aunque la historia afirma que Lloque Yupanqui era el padre de Mayta Cápac, la conexión con un origen divino se mantiene por el prodigioso crecimiento del joven, que ya es lo suficientemente grande y fuerte para derrotar a jóvenes entrenados e incluso a hombres adultos cuando solo tiene dos años.

Esta historia también habla de Mayta Cápac "tomando el tocado". El poder imperial en el imperio inca estaba simbolizado por una coronilla trenzada y rematada con plumas a la que se unía una larga franja de fina lana roja decorada con oro. "Tomando el tocado" por lo tanto es el equivalente incaico a la idea occidental de la coronación como la transmisión del poder absoluto.

El nieto de Manco Cápac era Lloque Yupanqui, y gobernó sabiamente y bien como el tercer inca. Pero durante mucho tiempo, Lloque Yupanqui permaneció soltero, y así llegó a su vejez sin un heredero. Un día, mientras estaba sentado, afligido por su situación, tuvo una visión del Sol, que le dijo que seguramente tendría un buen hijo que sería un digno sucesor al trono.

Lloque Yupanqui comenzó a buscar una novia entre las hijas de los señores del imperio. Encontró una en el pueblo de Oma, una mujer llamada Mama Caua. Lloque Yupanqui preguntó si Mama Caua podría convertirse en su esposa, y su padre aceptó gustoso. El inca Lloque y la familia de Mama Caua estaban muy contentos con esta unión. Mama Caua era una mujer muy hermosa, y su matrimonio con el propio inca era una fuente de gran orgullo para ella y su familia.

Cuando se anunció el matrimonio, se celebró una gran fiesta en Oma para celebrar la partida de Mama Caua a Cuzco. Y a lo largo del camino, hubo muchos festejos, bailes y regocijo, ya que el inca había ordenado que su matrimonio fuera un momento de regocijo para todo su pueblo. Finalmente, Mama Caua llegó a Cuzco. El propio inca llegó a la puerta de la ciudad para recibirla con todos sus nobles presentes. La saludaron bien y le dieron una gran bienvenida, y toda la ciudad se regocijó con festejos y bailes durante muchos días.

Como el Sol había prometido, Mamá Caua pronto se encontró con un niño, y el bebé recibió el nombre de Mayta Capac. Pero este no era un niño ordinario: Mayta nació completamente formada después de solo tres meses. Cuando abrió la boca para dar su primer llanto, todos vieron que ya tenía todos sus dientes. Creció tan rápido que al final de su primer año, era tan alto como un niño de ocho años, y para cuando tenía dos, era tan fuerte y tan hábil en los juegos y hazañas de armas que podía derrotar a jóvenes mucho más grandes y mayores que él.

Una vez, fue a jugar a juegos bruscos con jóvenes de las Alcavisas y Culunchimas, tribus que vivían cerca de Cuzco. Los jóvenes no pudieron detener a Mayta. Causó estragos entre ellos, hiriendo a muchos y matando a otros pocos. Otro día, Mayta y los otros jóvenes de los alcavisas fueron a saciar su sed en una fuente. Se inició una disputa sobre quién tenía derecho a beber primero. Mayta le rompió la pierna al hijo del jefe de los alcavisas, y cuando los otros muchachos huyeron, los persiguió hasta que entraron corriendo a sus casas y le cerraron las puertas.

Los jefes de los alcavisas y de los culunchimas vieron lo mal que Mayta Cápac había abusado de sus hijos. Seguramente un niño tan grande y fuerte a la edad de dos años sería un enemigo imparable una vez que alcanzara su pleno crecimiento y virilidad. Los alcavisas propusieron entonces deshacerse juntos del viejo inca y de Mayta Cápac. Enviaron a sus hombres más hábiles a la Casa del Sol en Cuzco con órdenes de encontrar al inca y a su hijo y matarlos. Cuando los hombres llegaron, Mayta Cápac estaba en la entrada de la Casa, jugando a la pelota con algunos de sus amigos. Mayta vio la aproximación de sus enemigos. Tomó la pelota con la que había estado jugando y se la lanzó al hombre más importante. Le golpeó en la frente y lo mató instantáneamente. Mayta Cápac tomó la pelota cuando rebotó hacia él y la lanzó a otro hombre, matándolo igualmente. Luego se lanzó sobre los demás, y aunque lograron escapar con vida, ninguno de ellos quedó ileso.

Los alcavisas y culunchimas vieron cómo Mayta Cápac había derrotado a sus mejores hombres y tuvieron mucho miedo. Por lo tanto, convocaron a todos sus guerreros en un gran ejército, pensando en atacar Cuzco y tomarlo como propio y deshacerse del inca y su hijo rebelde en el trato, ya que seguramente ni siquiera Mayta Cápac sería capaz de mantener a raya a un ejército entero. La noticia de la inminente batalla llegó a oídos del inca Lloque Yupanqui. Llamó a su hijo y le dijo—: ¿Qué has hecho para que el pueblo se levante en rebelión contra mí? Me has traído un mal destino y moriré a manos de los rebeldes.

—No temas, oh padre—dijo Mayta Capac—. Los guerreros del inca son poderosos, y derrotaremos a este enemigo.

El inca Lloque Yupanqui protestó, pues no quería que la guerra llegara a su reino, pero fue derrotado por Mayta Cápac y por sus propios nobles, que querían obtener la gloria por sí mismos derrotando a los alcavisas y culunchimas.

Muy pronto, los ejércitos del inca y de los alcavisas y culunchimas se reunieron en el campo de batalla. Ambos ejércitos lucharon duro, pero al final, el ejército del inca salió victorioso. Pero los alcavisas y culunchimas no pudieron ser disuadidos de su intento de desbancar al inca y matar a su poderoso hijo. Una vez más, desafiaron a Mayta Cápac y su ejército a la batalla, y una vez más, fueron derrotados. El jefe de los alcavisas fue tomado en esa batalla y pasó el resto de su vida como cautivo de Mayta Cápac.

Después de la muerte del inca Lloque Yupanqui, Mayta Cápac tomó el tocado imperial, convirtiéndose en el cuarto inca. Además, Mayta Cápac tenía en su poder un pájaro mágico que había sido traído de la cueva de Tambotoco por Manco Cápac. Mayta Cápac fue capaz de entender el discurso de este pájaro que podía ver el futuro. Muchas veces, Mayta Cápac tomó consejo del pájaro mágico y usó sus oráculos para determinar qué curso tomar en su gobierno. Mayta Cápac permaneció en Cuzco durante su reinado, y cuando murió, el tocado pasó a su hijo, Cápac Yupanqui.

Topa Inca Yupanqui y Macahuisa

Topa inca Yupanqui gobernó el imperio entre 1471 y 1493. Encabezó el ejército inca bajo su padre, Pachacuti, y participó en una importante expansión del territorio inca. Esta historia mitifica una de sus conquistas, legitimando su dominio sobre los pueblos conquistados al afirmar la asistencia divina dada a los ejércitos de Topa inca Yupanqui.

Topa inca Yupanqui era un rey muy poderoso. Recorrió la tierra de arriba a abajo, conquistando todo tipo de gente y poniéndolos bajo el gobierno del inca. Durante mucho tiempo después de esas conquistas, hubo paz y prosperidad, pero un día tres pueblos, los Allancu, los Callancu y los Chaqui, decidieron que ya estaban hartos del dominio inca, y se levantaron contra el inca Yupanqui.

El inca Yupanqui reunió sus ejércitos. Los envió a luchar contra estos tres pueblos. Pero no importaba cuántos hombres enviara, y no importaba lo hábiles que fueran sus guerreros, no eran capaces de reconquistar esos pueblos. Las batallas se prolongaron durante doce años, y al final de ese tiempo, el inca Yupanqui comenzó a desesperarse por tener una victoria. Pensó para sí mismo—: Ofrezco todo tipo de bienes a las *huacas*, a los espíritus divinos que protegen a mi pueblo. Las *huacas* tienen plata. Tienen oro. Tienen la mejor comida y los mejores vestidos. ¡Seguramente si las invoco, vendrán en mi ayuda!

Y así, el inca Yupanqui salió y convocó a todas las *huacas*. Les ordenó que vinieran en su ayuda si habían recibido valiosos regalos de él. Les ordenó que se reunieran en la plaza del centro de Cuzco donde se aconsejaría con ellos y averiguaría qué remedios podrían ofrecer contra sus enemigos.

Las *huacas* escucharon la llamada del inca Yupanqui. Venían de los pueblos y las montañas de alrededor, montando en lechos llevados por sus criados. Incluso el poderoso Pachacamac estaba allí. Pero Pariacaca no quería ir. Se retrasó y se retrasó, pero finalmente supo que no podía esperar más. Si no iba él mismo, algún representante de su casa debía ir. Así que Pariacaca llamó a su hijo, Macahuisa, y le dijo que fuera a la reunión y viera lo que había que hacer.

Macahuisa obedeció a Pariacaca. Se fue en su lecho a la reunión en Cuzco. Se sentó al borde de la reunión y escuchó lo que el inca Yupanqui tenía que decir.

—¡Oh, padres míos, poderosas *huacas*, grandes *villcas*! ¡Oh dioses, seres divinos y espíritus de las montañas! Les he servido siempre, con valiosos regalos de oro y plata, de la mejor comida y de los mejores vestidos. Nunca he escatimado en ustedes. Ya que les he dado todas esas cosas, ¿no vendrán en mi ayuda?

Pero las *huacas* y los otros seres espirituales no dijeron nada.

—Díganme, ¿por qué no responden? La gente que me sirve a mí y que les sirve a ustedes está siendo diariamente masacrada por nuestros enemigos. Ya hemos perdido muchos miles. ¡Contéstenme o haré que los quemen a todos!

Una vez más, las *huacas* y los otros seres mantuvieron su paz. El inca Yupanqui se enojó y se impacientó. Dijo—: Les he servido bien y les he dado de mi riqueza. El oro y la plata y los sacrificios de muchas llamas han sido suyos. Ahora que me presento ante ustedes y les pido algo a cambio, ustedes se sientan ahí en silencio como si no me conocieran. ¿No me ayudarán? ¿No ayudarán a mi pueblo? ¡Hablen, o haré que los quemen a todos!

Finalmente, el gran Pachacamac habló—. Oh inca Yupanqui, oh Sol en el Cielo, te ayudaría si pudiera, pero mi poder es tan grande que, si sacudiera a tus enemigos para destruirlos, tú y tu pueblo serían destruidos también. Si hago uso de mi poder de esa manera, podría incluso acabar con todo el mundo. Deseo ayudarte, pero no puedo. Por eso no he hablado.

Luego hubo otro silencio. Ninguna de las otras *huacas* habló. El inca Yupanqui se desesperó porque alguna de ellas ofreciera ayuda hasta que finalmente Macahuisa dijo—Oh inca, oh Sol en el Cielo, te ayudaré. Si te quedas aquí y proteges a tu pueblo, saldré a conquistar a tus enemigos. ¡Haré esto inmediatamente!

Mientras Macahuisa hablaba, un vapor verde-azul salió de su boca que parecía humo. Entonces Macahuisa tomó sus zampoñas y se vistió con sus mejores galas. El inca ordenó que se preparara un lecho para Macahuisa con los portadores más rápidos y fuertes de todo el reino para que Macahuisa pudiera ir al campo de batalla lo antes posible.

Macahuisa fue al lugar donde vivían los enemigos del inca Yupanqui. Allí Macahuisa hizo que lloviera. La lluvia cayó suavemente al principio, suave y gris. Pero luego la lluvia se hizo más pesada y fuerte. El viento se levantó. Los truenos retumbaron en el cielo, y los rayos bifurcados dividieron el aire. Los truenos y los relámpagos crecieron, y la lluvia se hizo más pesada aún. Pronto todos los enemigos del inca fueron arrastrados por el torrente de agua, pero Macahuisa dejó escapar a algunos de ellos de la inundación para llevarlos de vuelta al inca Yupanqui como prisioneros y como prueba de su conquista.

Cuando el inca Yupanqui vio que Macahuisa había conquistado así a todos sus enemigos, juró una gratitud interminable a Pariacaca por enviar a su hijo a ayudarle y le dio cincuenta asistentes para atender sus necesidades y ofrecerle los mejores sacrificios. Entonces el inca Yupanqui se inclinó en agradecimiento a Macahuisa, diciendo—: Tengo una gran deuda contigo, oh Macahuisa, porque viniste en mi ayuda y conquistaste a mis enemigos. Lo que me pidas, lo haré.

Macahuisa respondió—: No deseo nada, salvo que me adores de la misma manera que el pueblo Yauyo.

El inca Yupanqui respondió—: ¡Sí, ciertamente!—pero en su corazón tenía miedo porque tal vez Macahuisa podría tratar con él de la misma manera que había hecho con los enemigos del inca.

Entonces el inca pidió que le trajeran comida a Macahuisa, pero la *huaca* dijo—: Oh, yo no como comida como la que tú comes. Tráeme mejor las conchas de ostras espinosas.

El inca mandó a buscar conchas de ostras espinosas y se las dio a Macahuisa. La *huaca* se las comió hambrienta, de un solo bocado, crujiendo y triturando las duras conchas.

Cuando Macahuisa terminó de comer, el inca dijo—: Tenemos aquí muchas doncellas hermosas que se sentirían honradas de compartir tu cama. Por favor, elige entre ellas, ¡tantas como quieras!

Macahuisa respondió—: Es muy generoso de tu parte, pero no requiero sus servicios.

Luego Macahuisa se despidió del inca Yupanqui, y regresó a casa para contarle a su padre Pariacaca todo lo que había sucedido durante su estadía en la tierra de los incas.

Y desde entonces, el inca Yupanqui y sus sucesores adoraron a Macahuisa, bailando danzas especiales en su honor, y el propio inca dirigió la danza en gratitud por lo que la huaca había hecho por él y su pueblo.

El Inca Huayna Cápac y Cuniraya

Esta historia del Manuscrito de Huarochirí es un mito tejido alrededor de un personaje histórico real. El inca Huayna Cápac vivió aproximadamente desde 1464/68 hasta 1525/27 y fue el sucesor de Topa inca Yupanqui. Las conquistas logradas durante el reinado de Huayna Cápac extendieron el imperio hacia el norte hasta el Ecuador y Colombia y hacia el sur hasta Chile y Argentina. Huayna Cápac fue el último inca en gobernar independientemente antes de la llegada de los españoles.

No mucho antes de que los españoles llegaran a Cuzco, Cuniraya decidió ir a visitar al inca Huayna Cápac. Cuniraya fue al inca y le dijo—: Vamos al lago Titicaca. Tengo algunas cosas que mostrarte allí.

Y así Huayna Cápac se fue con Cuniraya al Titicaca. Cuando llegaron, Cuniraya dijo—: Convoca a tus magos y sabios. Debemos enviarlos al inframundo.

—Haré lo que me pidas—dijo Huayna Cápac.

Pronto los magos y sabios comenzaron a llegar.

—¡Soy el sabio del cóndor!—dijo uno.

—¡Soy el sabio del halcón!—dijo otro.

Un tercero dijo—¡Soy el sabio de la golondrina!

Cuniraya se dirigió a los sabios, diciendo—: Deben ir al inframundo. Allí deben pedirle a mi padre que me envíe a una de mis hermanas.

Los sabios dijeron que harían lo que Cuniraya les pidió, y se pusieron en camino. El primero en llegar al inframundo fue el sabio de la golondrina. Le dijo al padre de Cuniraya el mensaje que llevaba. El padre de Cuniraya le dio al sabio de la golondrina un pequeño cofre y le dijo—: No abras esto. Es para el inca Huayna Cápac y ningún otro hombre.

El hombre tomó el cofre y dejó el inframundo. Fue un largo viaje de vuelta al Titicaca, y durante todo el camino el sabio de la golondrina ardió de curiosidad por lo que contenía el cofre. Finalmente, no pudo soportarlo más. Abrió el cofre y vio en su interior una hermosa doncella de larga cabellera dorada y las mejores vestimentas. Debido a que estaba dentro del cofre, parecía ser muy pequeña. Pero cuando vio al sabio mirándola, ¡desapareció!

El sabio de la golondrina estaba muy asustado. No quería volver al Titicaca. No quería admitir que había abierto el cofre que solo era para el inca Huayna Cápac. Pero el sabio era un hombre honesto, así que fue ante el inca y confesó lo que había hecho.

Cuando Huayna Cápac escuchó el relato del sabio, gritó—: ¡Haría que te mataran en el acto si no fueras el sabio de la golondrina! ¡Vuelve al inframundo! ¡Y esta vez trae el cofre sin abrirlo!

Y así, el sabio de la golondrina regresó al inframundo, y de nuevo recibió el cofre. Esta vez, no lo abrió en su camino. Caminó el largo viaje de vuelta al Titicaca, y al final del día, se encontró todavía muy lejos de cualquier pueblo, y estaba muy hambriento y cansado—. ¡Oh, cómo me gustaría tener una buena comida y una cama blanda!—se dijo el sabio.

De repente, una mesa apareció ante el sabio, con una sabrosa comida. El sabio se sentó y comió agradecido, y cuando terminó, la mesa y los platos desaparecieron, y en su lugar apareció una cama blanda. El sabio se acostó en la cama y durmió profundamente y bien. Y así fue durante los cinco días de su viaje de vuelta al Titicaca: cuando tenía hambre, aparecía la mesa llena de cosas buenas para comer; cuando estaba cansado, aparecía la cama y se tomaba un descanso.

El quinto día, el sabio llegó al Titicaca y se adelantó al inca Huayna Cápac y a Cuniraya—. Oh, inca, Sol en el Cielo—dijo el sabio—, aquí está el cofre que te envió el padre de Cuniraya.

Antes de que Huayna Cápac pudiera abrir el cofre, Cuniraya dijo—: ¡Espera! Dividamos el mundo entre nosotros. Iré a esta parte. Puedes ir a esta parte con mi hermana. Tú y yo no podemos estar en el mismo lugar juntos.

Entonces Huayna Cápac abrió el cofre. Una luz brillante brilló en él, y salió la hermosa mujer.

—No volveré a Cuzco—dijo Huayna Cápac—. Me quedaré aquí con mi hermosa nueva esposa. ¡Tú!—dijo, señalando a uno de sus parientes—volverás al Cuzco. Dirás, "Yo soy Huayna Cápac", y gobernarás en mi lugar.

Entonces Huayna Cápac y su bella esposa desaparecieron de ese lugar, y también lo hizo Cuniraya, y ninguno de ellos se volvió a ver. El hombre que se hizo pasar por Huayna Cápac regresó al Cuzco donde gobernó como inca. Pero cuando murió, la gente se peleó sobre quién sería el próximo líder. Y fue mientras estaban peleando así que llegaron los españoles.

PARTE III: CINCO CUENTOS POPULARES ANDINOS Y UNA OBRA INCA

La mujer guacamaya

La leyenda de la Mujer Guacamaya es el cuento de origen del pueblo Cañari, que proviene de una zona del sur de Ecuador. Los cañari fueron conquistados por los incas y absorbidos por el imperio en el siglo XVI, no mucho antes de la llegada de los españoles.

Una vez hubo una gran inundación. Las aguas subieron y subieron, llenaron los valles, subieron a las colinas. Pronto llegaron casi a la cima de las montañas. Todos los animales y las personas se ahogaron, todos excepto dos hermanos que lograron subir hasta la cima de una montaña. Allí esperaron hasta que las aguas de la inundación retrocedieron, y cuando lo consideraron seguro, bajaron por la ladera de la montaña hasta que encontraron un lugar que les convenía, y allí construyeron un hogar para ellos.

Cada día, los hermanos dejaban su casa para buscar comida. Debido a que la inundación había destruido todo, solo pudieron encontrar varias raíces y unas pocas hierbas para comer. No era más que una comida pobre, y apenas encontraban lo suficiente para vivir, a pesar de que trabajaban muy duro todos los días.

Un día, los hermanos volvieron a casa después de un largo día de búsqueda para encontrar que alguien había encendido un fuego dentro de su casa, había cocinado una comida buena y había cerveza de maíz sobre la mesa. Sin esperar a saber quién les había dado tal recompensa, los hermanos se sentaron inmediatamente. Comieron hasta el último bocado y bebieron hasta la última gota, y cuando terminaron, se desplomaron en sus camas, contentos por primera vez en muchos, muchos meses.

Al día siguiente, los hermanos salieron a buscar comida como de costumbre, y cuando volvieron a casa, encontraron de nuevo la mesa puesta con comida y bebida de primera calidad. Esto duró diez días.

Finalmente, el hermano mayor dijo— ¿Quién crees que es el que pone esa mesa para nosotros cada noche?

—Estoy seguro de que no lo sé—dijo el hermano menor—. Me gustaría darle las gracias, pero parece que no quiere que los veamos.

—Quiero saber quién es—dijo el mayor—. Mañana, en vez de ir a buscar, me esconderé dentro de la casa. Esperaré a ver quién es el que nos deja una buena comida todos los días. Estoy cansado de vivir con este misterio.

Por la mañana, el hermano menor salió a buscar comida, pero el mayor se escondió en un rincón de la casa. Muy pronto, dos mujeres entraron en la casa. Pero no eran mujeres comunes: eran en realidad guacamayas, y eran los seres más hermosos que el hermano mayor había visto jamás.

Las mujeres guacamayas se movían por la casa, encendiendo el fuego y preparando las cosas para cocinar la comida. El hermano mayor no pudo soportarlo más; saltó de su escondite e intentó atrapar a una de las mujeres. Las mujeres guacamayas estaban asustadas. Evadieron su agarre, se convirtieron en guacamayos y salieron volando, sin dejar comida para los hermanos esa noche.

El hermano menor llegó a casa y encontró que no se había preparado comida. El mayor explicó lo que había pasado, que había intentado capturar a una de las mujeres guacamayas, pero había fracasado.

—Mañana vigilaré contigo—dijo el hermano menor—. Tal vez juntos podamos capturar a una de las mujeres.

Al día siguiente, los hermanos se escondieron dentro de la casa, pero las mujeres guacamayas no regresaron. Los hermanos siguieron vigilando, esperando que las mujeres volvieran. Finalmente, al final del tercer día, las mujeres guacamayas aparecieron y se pusieron a trabajar preparando una comida. Esta vez, los hermanos esperaron hasta que la comida estuviera lista. Cuando todo estuvo listo, salieron de su escondite. Las mujeres estaban enfadadas y asustadas y se convirtieron en pájaros. El hermano menor corrió a cerrar la puerta para que los pájaros no pudieran escapar. El hermano mayor logró atrapar a uno de los pájaros, pero el otro escapó por la ventana.

El guacamayo volvió a convertirse en una mujer. Se convirtió en la esposa de ambos hermanos y les dio seis hijos y seis hijas. También había traído con ella muchas semillas que los hermanos plantaron como cultivos y cosecharon en su momento. Y así, la raza humana tuvo un nuevo comienzo, allí en la montaña sagrada, y toda la gente es descendiente de la mujer guacamaya y sus doce hijos.

El Cóndor y la Pastora

El pueblo aymara vive en partes de lo que hoy es Perú, Bolivia y Chile, y fue absorbido por el imperio inca a principios del siglo XVI durante el reinado de Huayna Cápac. Este cuento popular aymara muestra la importancia del cóndor para los pueblos andinos. Algunas versiones de este cuento también funcionan como un cuento que se ajusta al origen de los colibríes: en lugar de que se creen muchos loros más pequeños a partir de uno mayor, al final del cuento se crean colibríes.

Había una vez una pastora que salía a la ladera de la montaña todos los días para apacentar su rebaño. Le gustaba estar al aire libre, sintiendo el viento en su pelo y la hierba y las piedras bajo sus botas.

También le gustaba estar sola, porque cuando estaba fuera con su rebaño, nadie podía decirle qué hacer o hablarle cuando no tenía ganas de hacerlo.

Cerca de esa misma montaña vivía un cóndor. Todos los días salía volando en busca de comida. Con frecuencia se elevaba sobre el lugar donde la pastora apacentaba sus ovejas, y al principio no se fijaba en ella, porque sabía que cuando había un guardián, no podía robar un cordero muy fácilmente, y prefería no tener que trabajar demasiado por su comida. Pero un día, la pastora miró hacia arriba mientras el cóndor pasaba. El cóndor le vio la cara y se enamoró de ella al instante–. ¿Qué debo hacer?–se lamentó–. Ella es una joven hermosa, y yo soy un pájaro grande y feo. Nunca consentirá ser mi novia.

El cóndor sufrió durante muchos días, preguntándose cómo hacer para que la joven se casara con él. Entonces se le ocurrió que cambiaría de forma. Tomaría la forma de un joven apuesto, y entonces ella seguramente desearía ser su esposa. Y así, al día siguiente el cóndor miró a ver si la pastora llevaba a su rebaño a pastar a la ladera de la montaña, y cuando lo hizo, el cóndor bajó al suelo fuera de la vista y se convirtió en un joven.

El cóndor se acercó a donde la joven mujer estaba cuidando sus ovejas. La saludó y le preguntó–: ¿Qué es lo que haces aquí en la ladera de la montaña, tan sola?

–Estoy cuidando a mis ovejas–respondió–. Mantengo alejados a los zorros y los cóndores, y me aseguro de que mis ovejas tengan suficiente hierba buena para comer.

–¿Nunca te sientes sola con solo las ovejas para hacerte compañía?–preguntó el cóndor.

–¡Oh, no, nunca!–dijo la joven–. Me gusta estar aquí sola.

–Bueno, tal vez algún día puedas cambiar de opinión–dijo el cóndor–. Tal vez pueda ayudarte. Soy bueno para ahuyentar zorros y cóndores. ¿Te gustaría tenerme como marido?

–No, gracias–dijo la joven–. No quiero casarme con nadie. Quiero vivir sola y criar a mis ovejas.

—Muy bien—dijo el cóndor, y luego se alejó.

Al día siguiente, el cóndor volvió a tomar la forma de un hombre y habló con la pastora.

—¿Te gustaría venir a vivir conmigo?—preguntó—. Vivo en la cima de las montañas. Veo el amanecer y el atardecer. A veces estoy incluso por encima de las nubes. Es muy tranquilo y pacífico donde vivo. ¿Estás segura de que no quieres ser mi esposa? Creo que te gustaría mucho mi casa.

—Gracias, pero no—dijo la pastora—. Realmente no quiero casarme. Prefiero quedarme aquí con mis ovejas, y, además, si me fuera mi madre estaría muy triste.

—Está bien entonces—dijo el cóndor—. Pero antes de irme, ¿crees que podrías rascarme la picazón en mi espalda? Me molesta mucho, y no puedo alcanzarla yo mismo.

—Por supuesto—dijo la joven. Ella se acercó al cóndor y comenzó a rascar el punto entre sus omóplatos, pero mientras lo hacía, él se convirtió de nuevo en un cóndor y voló hacia el cielo, arrastrando a la mujer con él a la espalda. El cóndor voló alto en las montañas, y no dejó de volar hasta que llegó a un lugar donde había muchas cuevas. Se posó dentro de una de ellas, donde vivía su madre. Los otros cóndores de las cuevas cercanas salieron para ver quién había llegado, y cuando vieron que el cóndor había traído a una joven con él, bailaron y agitaron sus alas de alegría.

Al principio, la joven era muy feliz viviendo con el cóndor porque él la quería mucho. Pero pronto empezó a sentir frío, hambre y sed—. No puedo quedarme aquí así—dijo—. Necesito fuego, comida y agua, y no veo nada de eso aquí. Si no consigo esas cosas, moriré.

—No te preocupes, mi amor—dijo el cóndor—. Traeré todo lo que necesites.

El cóndor se alejó volando de la cueva. Dio una vuelta hacia el valle. Encontró un lugar donde el fuego ardía bajo el hogar y nadie estaba a punto de atenderlo. El cóndor tomó un carbón en su pico y lo llevó a la cueva para que su esposa pudiera encender el fuego. Luego fue a un lugar en la ladera de la montaña cerca de su cueva y cavó en la roca con su pico. Pronto un manantial de agua fresca saltó, y su esposa pudo beber. Una vez hecho esto, el cóndor volvió a bajar al valle. Recogió trozos de carne de animales muertos. Desenterró papas de un campo no atendido. El cóndor le llevó esta comida a su novia, pero la carne estaba podrida y las papas se estaban pudriendo. La joven comió estas cosas porque no había nada más y estaba muy hambrienta, pero la comida era asquerosa.

Después de un tiempo, el cuerpo de la joven comenzó a cambiar. Se puso muy delgada por el frío y la mala comida. Plumas empezaron a brotar de su cuerpo, y su pelo se cayó. Incluso empezó a poner huevos. Aunque su marido era muy cariñoso y atento, empezó a sentirse inquieta y deseaba volver a casa con su madre.

Mientras tanto, la madre de la joven estaba desesperada por la preocupación y el dolor. Su hija no había vuelto a casa con las ovejas como solía hacer, y no fue hasta la mañana después de que el cóndor se llevara a la pastora que un vecino le devolvió el rebaño a la madre de la joven. La madre salió a la ladera de la montaña a buscar a su hija, pero no encontró nada, y nadie pudo decirle dónde había ido su hija. Pasaron muchos días hasta que la pobre mujer comenzó a preguntarse si su hija había muerto.

Una mañana, la madre se sentó a llorar cerca de una ventana abierta. Un loro pasaba volando y escuchó a la pobre mujer afligida. El loro entró por la ventana y le preguntó—: ¿Por qué lloras tanto? ¿Qué es lo que te pone tan triste?

—Mi hija ha desaparecido—dijo la madre—y no sé dónde ha ido. No sé si está viva o muerta, pero me temo lo peor.

—No tienes que temer—dijo el loro—. Tu hija está viva y bien. Sé dónde está. Ha sido tomada como esposa por el gran cóndor. Vive con él en una cueva en lo alto de las montañas. Si me dejas comer maíz de tu jardín y anidar en tus árboles, te la traeré de vuelta.

La madre estuvo de acuerdo, y entonces el loro se fue volando a las montañas. Después de un corto tiempo, vio la cueva donde la joven vivía con su marido cóndor y sus polluelos. El loro esperó hasta que los cóndores salieron en busca de comida, y luego voló a la cueva.

—No tengas miedo—dijo el loro a la pastora—. He venido a llevarte a casa con tu madre. —entonces el loro cogió a la pastora en sus garras y voló de vuelta a la casa de la madre.

Cuando el loro llegó llevando a la pastora, la madre lloró de pena al ver lo cambiada que estaba su hija. La pastora era tan delgada que sus huesos se asomaban a través de su piel, y tenía plumas por todo el cuerpo. Olía muy mal, y su pelo se había caído casi todo. Pero la madre abrazó a su hija con ternura y la llevó a la casa, donde bañó a la joven y le dio ropa fresca y de abrigo para que la usara.

Más tarde ese día, el cóndor regresó a su cueva y encontró que su esposa se había ido—. Sé quién hizo esto—dijo el cóndor—. Fue el loro. Le haré pagar por su insolencia.

El cóndor voló hasta el jardín de la madre donde el loro había hecho un nido en un árbol y donde se daba un festín con granos de maíz. Antes de que el loro supiera lo que estaba pasando, el cóndor se abalanzó sobre él y se lo tragó entero. Pero el loro no murió: atravesó el cuerpo del cóndor y salió por el otro extremo. El cóndor se enfureció cuando vio esto. Volvió a capturar al loro y se lo tragó de nuevo, pero lo mismo ocurrió: el loro salió por el otro extremo, bastante vivo. Entonces el cóndor agarró al loro en sus garras y lo hizo pedazos. Se comió los jirones, uno por uno, pero estos simplemente pasaron por su cuerpo y salieron por el otro extremo como pequeños y vivos loros.

El cóndor se dio cuenta de que nunca podría vengarse del loro y que nunca podría recuperar a su esposa. Con gran dolor, voló de vuelta a su cueva en la montaña. Tomó cenizas de la fría chimenea y las pintó sobre sus plumas para que se volvieran negras. Lloró muchas lágrimas mientras lo hacía, y esas lágrimas se convirtieron en las manchas de ceniza que flotan sobre las chimeneas.

La doncella y los tres guerreros

La historia de la doncella y los tres guerreros explica cómo surgió el pueblo de Huánuco y los tres picos cercanos. Huánuco está a unos 1.200 km al norte de Cuzco y se encuentra en un valle por el que fluye el río Huallaga. El monte Runtuy, que según la historia fue nombrado en honor a Runtus, un guerrero que compite por la mano de la doncella, se encuentra en la cordillera Huayhuash de los Andes, que corre al oeste de Huánuco. (No he podido identificar la ubicación de los otros dos picos.)

Había una vez un cacique llamado Pillco-Rumi que tenía cincuenta hijos y una sola hija. El nombre de la hija era Cori Huayta, que significa "Flor de Oro". Fue apropiadamente nombrada por ser la doncella más hermosa que nadie había visto, y era la joya del corazón de su padre. Tanto amaba Pillco-Rumi a Cori Huayta que juró no dejarla nunca casarse con un hombre mortal. Con esto estaba transgrediendo su propia ley que decía que todas las doncellas y jóvenes debían casarse cuando llegaran a la mayoría de edad. Nadie sabía del juramento del jefe, porque nunca había hablado de ello con nadie, y así cuando los jóvenes de todo el mundo se enamoraron de Cori Huayta, se dijeron a sí mismos que seguramente serían los elegidos para ser su marido.

Finalmente llegó el momento en que Cori Huayta estaba en edad de casarse. Pillco-Rumi fue al Sumo Sacerdote para que le aconsejara lo que debía hacer.

—Oh, Sumo Sacerdote—dijo Pillco-Rumi—. No deseo que mi hija se case. Conoces mejor nuestras leyes; ¿qué se podría hacer para mantenerla a mi lado?

—Bueno, tú conoces las leyes, oh mi jefe—dijo el Sumo Sacerdote—. Ella no puede quedarse contigo. Si no toma un marido mortal, debe unirse a las Hijas del Sol en la Casa del Sol y allí pasar sus días al servicio del mismo Sol.

Pero aun así Pillco-Rumi insistió en que debía haber una tercera vía, y aun así juró que Cori Huayta no se casaría con un hombre mortal ni se convertiría en una Hija del Sol. Y así Pillco-Rumi rezó a Inti, al mismísimo Dios Sol, diciendo—Oh mi Padre el Sol, ningún hombre mortal es digno de mi hija, y no quiero que pase sus días confinada en la Casa del Sol. Te pido que nadie más que tú sea su marido, si quieres tenerla.

Pillco-Rumi no recibió ninguna respuesta y así, con un corazón pesado, comenzó los preparativos para el Festival de Primavera, en el que todas las doncellas y jóvenes mayores de edad debían casarse.

Se había corrido la voz en todas las tierras de que Cori Huayta se casaría en el próximo festival. Tres guerreros, cada uno de una tierra diferente, reunieron sus ejércitos y se pusieron en marcha hacia las tierras de Pillco-Rumi para ver si podían persuadir a su padre para que la dejara casarse con ellos.

El primero de estos guerreros se llamaba Runtus. Era un hombre viejo, y su pelo ya se había vuelto blanco—. Seguramente Cori Huayta me tendrá como marido—dijo—porque soy un hombre de edad y sabiduría, y seré capaz de hacerla feliz y cuidarla bien.

El segundo se llamaba Maray. Era un hombre joven y excepcionalmente fuerte. Ningún hombre lo había derrotado nunca en la batalla—. Soy el mejor marido para Cori Huayta—dijo Maray—. Las mujeres son débiles y necesitan un hombre fuerte que las proteja. Soy el más fuerte con mucho, y por lo tanto ella debería casarse conmigo.

Paucar era el nombre del tercer hombre, y era el hombre más guapo que había vivido. Todas las doncellas que lo veían se enamoraban de él inmediatamente, pero él las rechazaba a todas—. Solo Cori Huayta será mi novia—dijo Paucar—porque solo me casaré con quien pueda igualarme en belleza.

El día que iba a comenzar el festival, Cori Huayta se preparó, pensando que le darían un marido porque su padre no le había dicho nada de su promesa de que nunca se casaría con un hombre mortal. Pillco-Rumi, por su parte, fue a las murallas de la ciudad para rezar una vez más a Inti, esperando que esta vez el dios le escuchara. Mientras caminaba por las murallas, Cori Huayta se puso de pie con él. Vio que su padre estaba preocupado—. ¿Qué pasa, oh Padre mío? ¿Qué pesa en tu corazón? Seguramente hoy debería ser un día de regocijo—dijo ella.

Pero Pillco-Rumi no respondió porque en ese momento vio tres grandes nubes de polvo en el horizonte. Pronto se dio cuenta de que eran tres ejércitos que se acercaban a su ciudad. Mientras Pillco-Rumi y Cori Huayta observaban, tres corredores llegaron a las murallas, cada uno enviado por su amo. El primero era de Runtus, el segundo de Maray, y el tercero de Paucar. Cada uno de ellos dijo que su amo venía a reclamar la mano de Cori Huayta, y que, si no se entregaba, su ejército saquearía la ciudad y no dejaría nada vivo en ella.

—¡Los ejércitos se acercan!—gritó Pillco-Rumi a su gente, que se había reunido en la plaza de abajo para alegrarse en la fiesta—. ¡Recen! ¡Recen a Inti para que nos perdone!

La gente se arrodilló de inmediato y rezó al dios del sol para salvarlos. Mientras rezaban, un arco iris apareció en el cielo sobre ellos. Sentado en el arco iris estaba Inti. Escuchó las plegarias, y vio a los ejércitos acercándose a la ciudad de Pillco-Rumi. Inti miró a Paucar en su ejército y los convirtió a todos en una alta montaña cubierta de nieve. La nieve se derritió bajo el calor de los rayos de Inti y se precipitó por la ladera de la montaña y en un canal, convirtiéndose en un poderoso río. Entonces Inti volvió su mirada hacia Maray y Runtus, convirtiéndolos a ellos y a sus ejércitos en piedra. Y así, donde los tres ejércitos habían estado ahora había tres nuevas montañas.

Entonces Inti miró hacia la ciudad de Pillco-Rumi. Pronunció una sola palabra—¡Huanucuy!—que retumbó en el aire como un trueno. Y el significado de esa palabra es "No vivas más en la tierra". Cuando se pronunció esa palabra, Cori Huayta cayó muerta. Inti extendió su mano desde los cielos y la tomó para sí mismo como su novia. Y así fue como la hija de Pillco-Rumi no se casó con un hombre mortal ni se convirtió en Hija del Sol.

Hoy en día las tres montañas que Inti hizo llevar los nombres de los guerreros que buscaban casarse con Cori Huayta, y la ciudad lleva el nombre de Huánuco después de la palabra pronunciada por Inti cuando tomó a Cori Huayta como su novia.

El pastor de llamas y la hija del sol

La historia del pastor de llamas se encuentra en un manuscrito compilado en 1585 por el misionero español Fray Martín de Murúa (1525-1618). De Murúa dice que las montañas de las que se habla al final del cuento están entre Calca y Huayllabamba. Ambos pueblos están justo al norte de Cuzco, con Calca al este y Huayllabamba al oeste.

Una vez hubo un joven pastor de llamas llamado Acoya-napa que vivía en un pueblo llamado Laris. Todos los días Acoya-napa llevaba su rebaño de llamas a la ladera de la montaña a pastar, y allí se divertía tocando su zampoña mientras vigilaba su rebaño. No muy lejos de donde el joven pastoreaba su rebaño estaba la Casa del Sol, donde vivían muchas jóvenes de todo el Imperio inca, junto con sus cuidadores, y el deber de quienes vivían allí era asegurar el culto adecuado a Inti, dios del sol. Las jóvenes que vivían en la Casa del Sol eran conocidas como las Hijas del Sol, y era ley que debían permanecer solteras ya que todo su deber era llevar a cabo el culto a Inti y no pensar en los demás.

De vez en cuando, algunas de las Hijas del Sol salían de su templo y vagaban libremente por la ladera de la montaña. Esto se les permitía hacer siempre que regresaran al atardecer y siempre que no descuidaran sus obligaciones dentro de la Casa del Sol.

Un día, dos Hijas del Sol pensaron en ir juntas a dar un paseo por la ladera de la montaña. Caminaron juntas, disfrutando del sol brillante y del verdor de los campos. Mientras caminaban, escucharon el sonido de las zampoñas que sonaban cerca. Se preguntaban quién era el que tocaba tan hábilmente, así que se dirigieron hacia el sonido. Muy pronto, encontraron a Acoya-napa, sentado en una gran roca, tocando su zampoña mientras sus llamas pastaban. Las jóvenes se escondieron de la vista de Acoya-napa, así que él nunca tuvo la menor idea de que alguien le estaba escuchando.

Durante muchos días después, las dos Hijas del Sol fueron a ese lugar a escuchar al pastor de llamas tocar su música, y lo hicieron en secreto. Pero un día, una de las Hijas, cuyo nombre era Chuqui-llantu, tuvo la intención de conocer a este joven que tocaba tan dulcemente. Convenció a su hermana para que la acompañara, y así fueron a la roca donde estaba sentado Acoya-napa y lo saludaron cortésmente.

Acoya-napa se sintió abrumado. Nunca había visto dos mujeres tan hermosas en su vida, vestidas como lo estaban en el traje de la Casa del Sol. El joven pastor de llamas cayó de rodillas ante ellas, seguro de que eran seres divinos.

Las mujeres le aseguraron al joven que no eran divinas, sino seres humanos como él. Levantaron a Acoya-napa a sus pies, y él les besó las manos, sorprendido al ver que eran cálidas y sólidas, de carne y hueso, como él. Acoya-napa y las jóvenes hablaron un rato, pero luego dijo que era hora de que guiara a su rebaño de vuelta a su hogar. Las Hijas del Sol le concedieron gustosamente el permiso para partir, y mientras se despedía de ellas, sus ojos se encontraron con los de Chuqui-llantu, y su corazón se desgarró repentinamente por un gran amor a este apuesto joven que tocaba tan bien sus zampoñas y que cuidaba de su rebaño con tanto esmero.

Los jóvenes se fueron por caminos diferentes, Acoya-napa a su casa con sus llamas, y las jóvenes a la Casa del Sol. Cuando Chuqui-llantu y su hermana llegaron a la Casa del Sol, encontraron a sus hermanas preparando la cena. Chuqui-llantu se excusó diciendo que estaba cansada y no tenía hambre. Fue a su habitación y se acostó en su cama, sin pensar en nada más que en el guapo joven pastor de llamas. La hermana de Chuqui-llantu, mientras tanto, comió con el resto de la casa, sin saber que Chuqui-llantu estaba enamorada de Acoya-napa, ya que la hermana no había visto en él nada muy especial.

Chuqui-llantu se acostó en su cama suspirando por el joven Acoya-napa, pero, cansada por su largo día al aire libre, pronto se durmió, y mientras dormía, tuvo un sueño. En el sueño, Chuqui-llantu vio un pequeño pájaro cantor que revoloteaba de árbol en árbol, cantando alegremente. El pájaro vio el dolor de Chuqui-llantu y dijo— ¿Por qué lloras tanto?

—Lloro por amor—dijo Chuqui-llantu—. Lloro porque mi corazón suspira por el joven Acoya-napa, y no sé qué hacer, porque si declaro mi amor por él, será mi destino ser asesinada. Soy una Hija del Sol y puede que nunca me case.

El pájaro dijo—: No tengas miedo. Sé lo que se puede hacer. Ve al patio de la Casa del Sol, donde juegan las cuatro fuentes, y siéntate entre ellas. Allí debes cantar a las fuentes lo que hay en tu corazón. Si las fuentes te cantan tu canción, entonces sabrás que encontrarás un camino para ir con tu joven y estar con él para siempre.

Cuando el pájaro dejó de hablar, Chuqui-llantu se despertó. Envolviéndose en su capa, Chuqui-llantu atravesó la Casa del Sol y entró en el patio de las cuatro fuentes. Las fuentes representaban las cuatro provincias del Imperio inca, y cada Hija del Sol se bañaba en la fuente que llevaba el nombre de su provincia natal. Chuqui-llantu se sentó entre las fuentes y comenzó a cantar su amor por Acoya-napa y su anhelo por él, aterrorizada todo el tiempo de que la descubrieran y la castigaran. Mientras cantaba, escuchaba atentamente, esperando más allá de toda esperanza que lo que el pájaro de su sueño había dicho fuera verdad. Y por supuesto, después de haber cantado su canción una, dos, tres veces, las fuentes comenzaron a cantarle, cantando la canción de su amor por el pastor de llamas. Chuqui-llantu se sintió reconfortada y se alegró de que pronto sería capaz de amar a Acoya-napa en serio, si tan solo pudiera descubrir si él sentía lo mismo por ella.

Acoya-napa, por su parte, se había quedado impresionado por la belleza y la gracia de Chuqui-llantu, por su cortesía en el habla y su dignidad de porte, y en su camino a casa con su rebaño, no podía pensar en otra cosa. Pero su corazón también estaba atravesado por la pena porque sabía que las Hijas del Sol debían pasar sus días al servicio del gran Inti, sin casarse nunca con ningún hombre, y menos aún con un humilde pastor de llamas que pasaba sus días tocando sus zampoñas en la ladera de la montaña.

Cuando Acoya-napa llegó a casa, fue directamente a su habitación y se acostó en su cama, tocando las melodías más tristes que se le ocurrieron. Su madre lo oyó y entró a ver qué pasaba. Allí encontró a su hijo, con lágrimas cayendo por su cara, tocando lamentos en sus zampoñas.

—Oh, hijo mío, ¿qué es lo que te aflige?—preguntó.

—Hoy he conocido a la mujer más hermosa—dijo Acoya-napa—y la amo con todo mi corazón.

—Seguramente eso es motivo de alegría, no de tristeza—dijo su madre.

—Ay, no—dijo Acoya-napa—porque la que amo es una Hija del Sol, y nunca podrá casarse con ningún hombre, y menos con un humilde pastor de llamas como yo.

La madre de Acoya-napa era una mujer muy sabia, aprendió todo tipo de remedios y curas. Ella le dijo—: Ten buen corazón, hijo mío, porque estoy segura de que hay un remedio para tu dolor.

Dejando a su hijo en su habitación, la mujer salió a la ladera de la montaña a recoger hierbas que sabía que eran una cura para la enfermedad del amor y la pena. Cuando regresó a la casa, vio a Chuqui-llantu y a su compañera acercándose a ella.

—Saludos, madre—dijo Chuqui-llantu—. Mi compañera y yo hemos caminado muy lejos hoy. ¿Tendrías algo que pudiéramos comer para refrescarnos?

—Ciertamente—dijo la anciana, y de inmediato cocinó un plato con las hierbas que había recogido en la ladera de la montaña.

Antes de partir ese día, Chuqui-llantu se había enterado de dónde vivía Acoya-napa y de qué casa era la suya, así que no había ido al lugar por casualidad. Mientras comía, miró alrededor de la casa preguntándose dónde podría encontrar a Acoya-napa, pero no lo vio porque su madre lo había escondido bajo un manto mágico que una vez perteneció a la amada del propio dios Pachacamac. Y la magia de la capa era que cualquier persona o cosa escondida debajo de ella entraría en la capa y se convertiría en uno con ella. Así lo había escondido la madre de Acoya-napa, porque cuando Chuqui-llantu miró por la casa buscando a su amado, todo lo que vio fueron las cosas de la casa y en una habitación el hermoso manto que estaba sobre la cama.

—¡Oh!—gritó Chuqui-llantu—. ¡Qué hermoso manto! Desearía tanto tener algo parecido.

—Puedes tenerlo—dijo la madre—con buena voluntad.

Chuqui-llantu tomó el manto y lo colocó sobre sus hombros, y muy agradecida, ella y su compañera se despidieron de la madre de Acoya-napa y regresaron a la Casa del Sol. Las que vivían en esa casa sagrada comían juntas la cena y se retiraban a sus habitaciones para pasar la noche. Chuqui-llantu tomó el manto y lo dobló tiernamente a los pies de su cama y luego lloró de amor hasta que se durmió profundamente.

Más tarde esa noche, Chuqui-llantu fue despertada por alguien que la llamaba suavemente. Se despertó y se sorprendió al ver a Acoya-napa arrodillado junto a su cama, llorando muchas lágrimas.

—Oh, mi amado—dijo la joven—, ¿cómo es que estás aquí?

—Cuando mi madre me puso bajo el manto—dijo el pastor—me convertí en uno con la manta, y me llevaste a la Casa del Sol en tu propio cuerpo. Pero en tu presencia, recuperé mi forma una vez más, y la manta se convirtió en un hermoso trozo de tela.

Luego los jóvenes se abrazaron muy tiernamente y pasaron la noche en la cama de Chuqui-llantu, deleitándose mutuamente.

Por la mañana, Acoya-napa se cubrió con el manto y una vez más se convirtió en uno con él. Fingiendo que salía a dar un paseo como de costumbre, Chuqui-llantu se cubrió con el manto y salió a la ladera de la montaña. Cuando llegó a un lugar que consideraba seguro, se quitó la manta y Acoya-napa recuperó su propia forma. Pero desgraciadamente, uno de los guardias de la Casa del Sol sospechó que algo iba mal y siguió a Chuqui-llantu. Vio a Acoya-napa salir del manto y tomar la mano de Chuqui-llantu, y dio la alarma.

Acoya-napa y Chuqui-llantu huyeron a las montañas, cerca de un pueblo llamado Calca. Pronto habían superado a los guardias, pero estaban muy cansados de su huida. Acoya-napa y Chuqui-llantu encontraron un lugar para descansar, y pronto se durmieron en los brazos del otro. No habían dormido mucho tiempo cuando un ruido los despertó. Los jóvenes comenzaron a volar una vez más, pero no dieron muchos pasos antes de que ambos se convirtieran en piedra.

Allí están los dos amantes hasta el día de hoy, en un lugar entre Calca y Huayllabamba. Y cerca de ese lugar también hay una montaña con picos gemelos, que se llama Pitu-siray, que significa "La Pareja".

La leyenda del lago Titicaca

El lago Titicaca juega un papel importante en muchos mitos de la creación inca, pero aquí tenemos la historia de cómo el lago mismo llegó a ser, en una inundación que fue enviada como retribución a un pueblo orgulloso que se negó a honrar a los dioses. Como muchas leyendas de origen, la historia del lago Titicaca puede contener indicios de verdad: en el año 2000, una expedición arqueológica encontró los restos de un antiguo templo y otras estructuras cívicas bajo el lago, que probablemente fueron construidas por el pueblo Tiahuanaco entre 1.000 y 1.500 años atrás. El pueblo Tiahuanaco vivía a orillas del lago Titicaca y finalmente fue absorbido por el imperio inca. Es posible que esta leyenda sea una historia tan imaginativa que explique tanto la presencia del lago como la desaparición de la gente que vivía allí en tiempos preincaicos.

Una vez, hace mucho tiempo, en lo alto de las montañas, había una amplia y plana llanura. Y en esta llanura había una magnífica ciudad. Los edificios estaban hechos de la mejor madera y piedra y estaban adornados con oro y plata. La gente que vivía allí era orgullosa y rica. Comían la mejor comida y se vestían con la mejor ropa. Sus vidas eran buenas y fáciles, y pensaban que tenían la mejor ciudad del mundo. De hecho, a menudo se jactaban de ello entre ellos, y lo hacían tan a menudo que pronto empezaron a pensar que no solo eran la mejor ciudad, sino que eran los señores de toda la creación. Su jefe incluso empezó a pensar que era un dios.

Un día, un grupo de mendigos harapientos llegó a la ciudad. Recorrieron las calles gritando advertencias—. Los dioses han visto su orgullo y arrogancia, ¡y están disgustados! ¡Regresen de sus malos caminos, o serán destruidos!

La gente de la ciudad no escuchó a los mendigos. Se rieron y se burlaron de ellos, diciendo—: ¿Quiénes son ustedes para decirnos qué hacer? Nosotros somos ricos y fuertes mientras que ustedes están vestidos con ropas andrajosas y tienen las caras sucias. ¡Vuelvan al lugar de donde vinieron!

Pero los mendigos no dejaron de lanzar sus advertencias, incluso cuando la gente de la ciudad les arrojó verduras podridas a la cabeza.

Después de unos días, las advertencias de los mendigos cambiaron—. No han escuchado nuestras advertencias—dijeron—así que los dioses nos han dicho que les digamos que deben abandonar su ciudad. Deben irse al desierto. Deben subir a las montañas y arrepentirse de sus malos caminos, o los dioses les destruirán a ustedes y a su ciudad para siempre.

La gente de la ciudad solo se rio más de esto, y solo se volvieron más crueles con los mendigos. Pero los sacerdotes del templo de la ciudad se reunieron para aconsejar lo que los mendigos habían estado diciendo—. Tal vez tengan razón—dijo un sacerdote—. Tal vez deberíamos escucharlos.

—Sí—dijo otro—. Creo que sería prudente hacer lo que dicen.

Y así, los sacerdotes acordaron que escucharían a los mendigos. Empacaron las cosas que necesitarían para el viaje, y salieron al desierto. Subieron a las montañas y rezaron a los dioses para ser perdonados.

Después de que los sacerdotes dejaron la ciudad, la gente descuidó por completo la adoración a los dioses—. Si los sacerdotes no se quedaron para ayudarnos a adorar, entonces tal vez no haya nadie allí para escuchar nuestras oraciones de todos modos. Tal vez nosotros mismos somos dioses. Y si somos dioses, no tenemos nada que temer de estos miserables mendigos. ¡Expulsémoslos de nuestra ciudad!

Pero cuando fueron a recoger a los mendigos para arrojarlos fuera de los muros, encontraron que los mendigos ya se habían ido.

Pasaron unos días más, y la gente de la ciudad se dijo a sí misma—: ¡Por fin tenemos paz! ¡No más mendigos que andan por ahí gritándonos! Podemos disfrutar de nuevo. —y así, volvieron a sus arrogantes y malvadas costumbres.

El día siguiente amaneció brillante y soleado. Pero por la tarde, las nubes negras se reunieron en el horizonte. La gente de la ciudad no se dio cuenta porque las nubes solo parecían nubes de lluvia. Entonces empezaron a aparecer otras nubes, nubes rojas del color de la sangre—. ¿Qué es esto?—dijo la gente—. Nunca habíamos visto tales nubes antes. Me pregunto qué significa.

Las nubes negras y las rojas avanzaron hasta que el cielo se cubrió con ellas, pero no cayó ninguna lluvia. Llegó la noche, pero no hubo oscuridad por el resplandeciente enrojecimiento de las nubes. Un gran sonido de trueno rasgó el aire. El suelo tembló. Tembló y tembló y no dejó de temblar. Aparecieron grietas en las paredes de los edificios, y pronto las casas, tiendas y templos colapsaron.

La lluvia comenzó a caer del cielo, la lluvia carmesí del color de la sangre. Los ríos cercanos a la ciudad se desbordaron. Las aguas se inundaron en la ciudad. La gente corría por las calles, gritando de terror, pero no había ningún lugar donde ir. No pudieron escapar de las aguas que se precipitaron a la ciudad, ahogando los edificios y a toda la gente. Cayó la lluvia y los ríos se desbordaron hasta que incluso la parte superior de los edificios se cubrió con agua profunda. Y cuando la tormenta terminó, un gran lago se erigió donde la ciudad había estado una vez. De toda la gente de la ciudad, solo los sacerdotes que habían escuchado a los mendigos y se habían ido a las montañas permanecieron vivos.

Y así es como el lago Titicaca llegó a estar en la gran llanura de las montañas.

La historia de Ollantay

Apu Ollantay es una obra de teatro en lengua quechua ambientada en el antiguo imperio inca. La copia más antigua de la obra, que data de alrededor de 1770, pertenecía a Antonio Valdés, que era un sacerdote en Sicuani, Perú. Otras cinco copias manuscritas tempranas sobreviven hoy en día, y las primeras ediciones publicadas datan de mediados del siglo XIX. Durante un tiempo se creyó que Valdés era el autor de la obra, pero ahora esto está ampliamente desacreditado.

Los estudiosos también debaten los orígenes de la obra. Debido a que tanto las fuentes como muchas de las convenciones dramáticas de la obra datan del siglo XVIII, la génesis real de la obra no está clara. Algunos estudiosos han sugerido que, a falta de fuentes anteriores al siglo XVIII, debemos considerar que Apu Ollantay es un producto enteramente colonial, mientras que otros han argumentado que es un antiguo cuento inca que recibió un tratamiento dramático en la época colonial. Se presenta aquí como un cuento en prosa con algunas omisiones de la obra original.

El nombre "Ollantay" también se refiere a la antigua fortaleza de piedra de Ollantay-tampu al norte de Cuzco. El erudito de principios del siglo XX, Sir Clements Markham, que pensaba que la obra se basaba en una antigua leyenda inca, asumió que la fortaleza había sido nombrada en honor al protagonista del drama.

En la época del inca Pachacuti, había un joven guerrero llamado Ollantay. Ollantay era fuerte y guapo y el luchador más valiente que el pueblo inca había visto nunca. Ollantay también era sabio, y por todas sus buenas cualidades, el inca Pachacuti confiaba en él y lo consideraba uno de sus más valiosos consejeros y generales.

Como miembro de la corte de Pachacuti, Ollantay se interesaba a menudo por el palacio real, y así llegó a conocer a la hija de Pachacuti, Cusi Coyllur, que significa "Estrella Alegre". No pasó mucho tiempo antes de que los dos jóvenes se enamoraran mucho el uno del otro, porque Cusi Coyllur era hermosa y amable, así como Ollantay era valiente y fuerte. Su amor debería haberlos hecho felices, pero por desgracia solo les causó dolor, pues valiente y confiado como era, Ollantay no era más que un plebeyo, y nadie más que un hombre de sangre noble podría pensar en casarse con la hija del inca.

Durante mucho tiempo, Cusi Coyllur y Ollantay se contentaron con breves reuniones cuando podían encontrar unos momentos de soledad o miradas fugaces a través de la habitación cuando estaban en compañía, pero finalmente, no pudieron soportarlo más. Se casaron en secreto, y durante un tiempo fueron muy felices, aunque todavía no podían revelar su amor a nadie más.

Esta vez, sin embargo, no duró. Un día, Cusi Coyllur vino a Ollantay y dijo—: No deberíamos tener que escondernos así. Somos marido y mujer, y nos amamos. Vayamos con mi padre, aleguemos nuestro caso y pidamos casarnos formalmente.

Ollantay estuvo de acuerdo, aunque su corazón le advirtió que sería en vano: las leyes de los incas eran muy estrictas, y el inca Pachacuti había sido implacable en hacerlas cumplir. Parecía improbable que el anciano dejara de lado las formas tradicionales, incluso por su propia hija.

Así que Cusi Coyllur y Ollantay pidieron audiencia al inca. Se presentaron ante él y le explicaron que se amaban y que querían casarse. Pero el inca no quería nada de eso—. ¿No sabes lo que haces?—gritó—. Ningún plebeyo puede casarse con una hija de la casa real. Ella es pariente de los mismos dioses, y tú no eres más que un hombre mortal y un sirviente. ¡Cómo te atreves!

Luego el inca Pachacuti hizo llevar a su hija a la Casa del Sol donde fue hecha una de las Hijas del Sol, que son las mujeres que sirven en el templo y que tienen prohibido casarse con cualquier hombre. A Ollantay se le dijo que fuera a sus aposentos y se quedara allí, ya que el inca estaba tan enojado con él que no podía pensar inmediatamente en un castigo suficientemente adecuado para el crimen de Ollantay.

Ollantay estaba irritado bajo su encierro y se preocupaba por su esposa. Sabía que cualquiera que fuera el castigo que el inca le impusiera, el único fin de todo sería su muerte. Así que, una noche escapó de sus aposentos. Fue a ver a los capitanes de su ejército y les dijo que se iría—. El inca Pachacuti se ha vuelto contra mí. He perdido todo lo que siempre he amado. Les encomiendo a mis buenos soldados. Cuídenlos bien, como me han visto hacerlo a mí. Por mí mismo, me iré lejos, a las montañas, y viviré allí en soledad. Ya no hay razón para que me quede aquí.

Los capitanes protestaron por esto—. ¡No debes ir! Pero si no puedes ser persuadido, entonces dejaremos el servicio del inca e iremos contigo, porque solo tú eres nuestro general, y no serviremos a nadie más.

—Amigos míos—dijo Ollantay—su amor y lealtad los acreditan. Pero no puedo pedirles que vengan conmigo, porque si lo hacen, serán considerados traidores, y la pena por eso es la muerte. No tengo nada que perder, porque el inca me quitará la vida sin importar lo que haga, pero ustedes tienen una opción en el asunto.

Los capitanes no se dejaron influenciar. Juraron acompañar a Ollantay y echarse a su suerte con la suya, fuera lo que fuera. Y así fue como con una banda de valientes hombres Ollantay salió de la capital y se dirigió a las montañas.

Cusi Coyllur, mientras tanto, fue tratada bien por las Hijas del Sol y sus sirvientes. Se adaptó a sus costumbres e hizo todo lo posible para cumplir con los deberes que se esperaban de ella. Sin embargo, pronto se hizo evidente que estaba embarazada, y cuando llegó el momento, nació una hija, a la que llamó Yma Sumac, que significa "La más bella". Pero como a las Hijas del Sol se les prohibía casarse o tener hijos, Yma Sumac fue arrebatada a su madre y criada como huérfana en otra parte del templo.

El inca supo que Ollantay había escapado de su encierro y había desaparecido, junto con varios oficiales y soldados del ejército. El inca Pachacuti llamó a Rumi-ñaui, su general de mayor confianza—. ¡Encuéntrenlos de inmediato—rugió el inca—y tráiganmelos para que les haga justicia! Y toma a Cusi Coyllur y encadénala. Todo lo que hace es esta perfidia y la amenaza a mi trono.

—Haré lo que el inca me ordena—dijo Rumi-ñaui. Transmitió la orden del inca a los sirvientes de la Casa del Sol, y Cusi Coyllur fue encarcelada. Entonces Rumi-ñaui dejó la corte para comenzar su búsqueda de Ollantay.

Mientras tanto, Ollantay se había refugiado con sus hombres en la fortaleza de Ollantay-tampu, y allí reunieron a su alrededor un poderoso ejército. Ollantay había enviado a su sirviente de vuelta a Cuzco para ver qué respuesta había generado su huida con el inca y para ver qué noticias se podían tener de Cusi Coyllur. Muy pronto, el sirviente regresó—. Ollantay, el inca está muy enojado contigo. Le ha dado a Rumi-ñaui la tarea de encontrarte y devolverte a Cuzco, y mil hombres están a sus órdenes, buscando por todo el imperio.

—¿Y de mi amada?—dijo Ollantay—. ¿Qué noticias tienes de ella?

—Desgraciadamente, no pude encontrar ningún rastro de ella—dijo el sirviente—. Tanto ella como la reina parecen haber desaparecido, y me temo lo peor.

Al oír esto, Ollantay se desesperó. Nada lo detenía ahora de una rebelión abierta. Reunió a su ejército y a la gente de la región y les habló de los desaires que habían recibido de manos del inca y de su propio dolor por la pérdida de Cusi Coyllur. La gente escuchó atenta el discurso de Ollantay, y cuando terminó, levantaron un gran grito—: ¡Viva Ollantay! ¡Que Ollantay tome el tocado! ¡No tendremos a ningún otro como nuestro inca!

Cuando el inca Pachacuti se enteró de que Ollantay se había levantado en armas en rebeldía, recordó a Rumi-ñaui y a los mil hombres de su búsqueda y les ordenó que pusieran su propio ejército para que pudieran defender el imperio de los rebeldes. Rápidamente Rumi-ñaui reunió a sus tropas, y se dirigieron a las montañas donde se encontraron con el ejército de Ollantay, y se unieron a la batalla. Ambos bandos lucharon ferozmente, pero al final, el ejército del inca fue derrotado, y Rumi-ñaui se vio obligado a huir de vuelta a Cuzco, debilitado y sangrando por muchas heridas, mientras que Ollantay y sus hombres volvieron a su fortaleza.

Pasaron diez años, y Ollantay no fue derrotado ni intentó tomar Cuzco por su cuenta. Pasaron diez años, y Yma Sumac, la bebé nacida de Cusi Coyllur e hija de Ollantay, se convirtió en una joven fuerte en la Casa del Sol. Yma Sumac comenzó a preguntarse por qué otras podían ir y venir libremente de la Casa del Sol mientras ella se veía obligada a permanecer entre sus muros.

Una noche, Yma Sumac no pudo dormir, y fue a dar un paseo por el patio de la Casa del Sol. Toda la casa estaba dormida. Los vientos estaban en calma, y la luna y las estrellas brillaban en el cielo. Mientras Yma Sumac miraba el cielo nocturno, un débil lamento llegó a sus oídos—. Seguro que es el viento en los árboles—pensó Yma Sumac, pero luego notó que no había viento. De nuevo, el lamento se elevó, más fuerte esta vez y seguido de palabras. Era la voz de una mujer, rezando al Sol.

—Oh Sol—dijo la voz—libérame de estas cadenas. No he hecho ningún mal. Tú que lo ves todo, ten piedad de mí.

Yma Sumac no sabía de dónde venía la voz. Buscó en muchos lugares, pero no pudo encontrar quién era el que estaba encadenado ni dónde lo tenían. Desconcertada por el misterio y atormentada por la voz de los lamentos, volvió a su habitación y a un sueño intranquilo.

Al día siguiente, Yma Sumac se sentó en uno de los jardines de la Casa del Sol con una amiga, que era una novata que se preparaba para convertirse en Hija del Sol. Ambas chicas se levantaron cuando vieron a la Madre de la Casa acercarse. La Madre se dirigió a Yma Sumac, diciendo—: El momento de elegir está sobre ti. ¿Dejarás el mundo exterior detrás de ti y te convertirás en una Hija del Sol? ¿O nos dejarás a nosotras?

—¿Cómo puedo dejar atrás lo que nunca he visto?—dijo Yma Sumac—. Sin embargo, he hecho mi elección: no tomaré los votos. No deseo convertirme en una Hija del Sol. Deseo dejar este lugar tan pronto como pueda.

El rostro de la Madre se oscureció porque esperaba persuadir a la niña de permanecer en la casa, bajo su control—. Muy bien—dijo la Madre y luego se dio la vuelta y dejó el jardín.

Yma Sumac y su amiga se quedaron mirando a la madre—. Vieja rencorosa—murmuró la joven en la retirada de la madre. Luego se volvió hacia Yma Sumac—. Tienes suerte—dijo—. No podrán retenerte aquí, y no tienes familia en el exterior que te diga qué hacer o adónde ir. Pero yo tendré que quedarme. Mi familia no me tendría de vuelta por ningún dinero; tendrían demasiado miedo de la Madre y de los Sacerdotes de la Casa. Seré una prisionera, como esa pobre mujer.

Yma Sumac miró fijamente a su amiga—. ¿Qué mujer?—preguntó, tratando de fingir poco interés.

—Ya sabes, la que mantienen encadenada. La que siempre llora por la noche. Seguramente la habrás oído. Tengo que llevarle pan y agua todos los días.

—¿Me llevarás con ella?—preguntó Yma Sumac—. No sabía que tuvieran prisioneros aquí. Me gustaría ver a la pobrecita. Tal vez pueda llevarle consuelo.

—Muy bien—dijo la amiga—, pero tendrá que ser en secreto. Se supone que no debo contarle a nadie más sobre ella.

La amiga le dijo a Yma Sumac cómo llegar a la celda de la prisionera y dónde podría esconderse hasta que la amiga llegara con comida y agua para la prisionera. Acordaron reunirse allí esa misma noche.

A la hora indicada, la amiga llegó y dejó que Yma Sumac se colara en la celda con ella. Contra una pared estaba la forma de una mujer, vestida con harapos y con el pelo despeinado, con su pierna en una manga encadenada a la pared de piedra. La amiga puso el pan y el agua al lado de la mujer, que miraba cansada.

—He traído a alguien para que te vea—dijo la chica.

—¡Ah, una nueva cara!—dijo la mujer—. Llevo aquí diez largos años, y solo mis carceleros me hacen compañía. Y poca compañía es eso.

Yma Sumac y la mujer se miraron por un momento. Luego la chica habló—. ¿Por qué estás aquí?—preguntó—¿Qué mal has hecho para que te tengan aquí encadenada a esa pared?

—No hay nada malo excepto haber amado al hombre equivocado—dijo la mujer—. Lo amé en contra de los deseos de mi padre y di a luz a mi amada hija, pero como lo hice sin la bendición de mi padre, la niña fue tomada, y yo fui puesta aquí, para vivir el resto de mis días en una triste miseria.

—Oh—dijo Yma Sumac—. Yo también he sido colocada aquí, pues no conozco ni a mi madre ni a mi padre, y aunque no estoy encadenada, soy una prisionera, pues la Madre y los Sacerdotes no me dejarán salir de esta Casa, aunque no tenga ningún deseo de convertirme en Hija del Sol.

Cuando la mujer escuchó el cuento de Yma Sumac, se sentó un poco más derecha y miró largo rato a la chica—. Dime, si quieres, ¿cómo te llamas y qué edad tienes?

—Soy Yma Sumac, y tengo diez años—respondió la chica.

La mujer soltó un pequeño llanto, y luego comenzó a llorar de alegría—. Ven a mis brazos, niña—dijo—porque eres mi niña de verdad. Eres la niña que me fue arrebatada tan pronto como respiraste. Soy tu madre, Cusi Coyllur, hija del inca Pachacuti, y tu padre es el valiente Ollantay.

Entonces Cusi Coyllur e Yma Sumac se abrazaron, y lloraron muchas lágrimas de felicidad hasta que finalmente la amiga de Yma Sumac les recordó que no podían quedarse, o que Yma Sumac podría ser hallada donde no debía estar y así caer en desgracia a manos de la Madre y los Sacerdotes de la Casa.

—No temas, madre—dijo Yma Sumac a Cusi Coyllur—. Encontraré alguna forma de liberarte. Dame solo un espacio de unos pocos días para encontrar ayuda, para que una vez más seas libre.

Luego las chicas se despidieron de Cusi Coyllur, y volvieron a sus deberes, prometiéndose mutuamente no revelar nada de lo que había sucedido en la celda de la prisión.

Poco después de que Yma Sumac se reuniera con su madre, el inca Pachacuti murió, y su hijo, Tupac Yupanqui, fue elegido para sucederle. En una gran ceremonia en la Casa del Sol, Tupac Yupanqui asumió el tocado imperial y fue proclamado inca por los Sacerdotes y todos los nobles del imperio. Durante la celebración, el Sumo Sacerdote del Sol profetizó que los rebeldes volverían a la lealtad con el inca.

Entre los asistentes a la ceremonia estaba el soldado Rumi-ñaui, que había vivido en desgracia desde su derrota en Ollantaytambo. Pensando que podría recuperar parte de su estatus perdido con el nuevo inca siendo el que vería la profecía cumplida, suplicó una audiencia a Tupac Yupanqui y fue admitido en la presencia imperial.

—Oh mi inca, Hijo del Sol y gobernante de todos nosotros, te suplico un favor—dijo Rumi-ñaui.

—Habla—dijo el inca.

—Tengo un plan, una artimaña, que seguramente entregará a Ollantay en tus manos y pondrá a sus rebeldes de nuevo bajo tu control, como el Sumo Sacerdote dijo que debía suceder. Solo pido permiso para hacer esto por tu mayor gloria y la seguridad del imperio.

—Tienes nuestro permiso para hacerlo, pero no debes derramar sangre—dijo el inca, y Rumi-ñaui se dispuso inmediatamente a poner en marcha su plan. Primero, preparó su ejército y los llevó a un lugar cerca de Ollantaytambo donde pudieran esconderse de los rebeldes. Luego se vistió con ropas harapientas que lo hacían parecer un mendigo, se despeinó y se cortó heridas sangrientas en su propia cara. Así disfrazado, fue a Ollantaytambo, donde suplicó la misericordia de los rebeldes.

—Déjenme entrar, oh, déjenme entrar—gritó delante de las puertas—. Tengan piedad, porque el gentil Pachacuti ha fallecido, y su hijo, Tupac Yupanqui, nos gobierna con gran dureza.

El guardia de la puerta no abrió directamente, sino que mandó a buscar a Ollantay. Cuando Ollantay escuchó el supuesto cuento del mendigo, ordenó que se abrieran las puertas, ya que no reconoció a su viejo enemigo. Ollantay les dijo a sus hombres que le dieran al hombre andrajoso ropa fresca, comida y medicinas para sus heridas. Entonces Ollantay dijo a sus camaradas—: Esta noche nos damos un festín, porque nuestro gran enemigo, el inca Pachacuti, ha muerto.

Y así, los rebeldes se dieron un festín, bebiendo y bailando hasta bien entrada la noche. Cuando cesaron su banquete, embriagados por la bebida, Rumi-ñaui abrió la puerta de la fortaleza a sus propios hombres, quienes se colaron dentro sin hacer ruido y estrangularon a muchos de los rebeldes mientras dormían, cumpliendo así la orden del inca de que no se derramara sangre mientras se reducía el número de rebeldes. Ollantay y sus generales fueron llevaron cautivos a Cuzco.

Con los ojos vendados y atados, Ollantay y los generales fueron llevados ante el inca y sus consejeros.

—He aquí, oh poderoso inca—dijo Rumi-ñaui—. Traigo ante ti al rebelde Ollantay y a los otros conspiradores contra tu imperio y tu trono. ¿Qué juicio debe hacerse sobre ellos por su traición?

El inca miró primero a su Sumo Sacerdote, quien dijo—: Oh, poderoso inca, pido misericordia para estos hombres. En verdad se han rebelado contra el imperio y el trono del inca, pero son valientes e ingeniosos. Si pudieras ganarte su lealtad, serían aliados útiles.

Entonces el inca miró a Rumi-ñaui, quien dijo—: Oh, poderoso inca, digo que no hay que tener piedad. Son rebeldes y traidores y siguen siendo una amenaza para tu reino. ¡Mátalos de inmediato!

—Así será—dijo el inca—. Los llevaremos a un lugar alto y los arrojaremos a la muerte. Partamos de inmediato.

Ollantay y los generales fueron llevados a un lugar alto cerca de Cuzco. Podían sentir y oír el viento arremolinándose a su alrededor, y sabían que pronto conocerían su destino. Fueron llevados todos al borde del precipicio y se prepararon para ser arrojados, pero en lugar de encontrarse cayendo, se les quitaron las vendas de los ojos y se encontraron frente al inca Tupac Yupanqui. Cayeron de rodillas ante él, y él dijo—: Vean ahora qué misericordia usamos con nuestros enemigos. Les declaramos no solo hombres libres, sino también criados en posición. Ollantay será un general de nuestros ejércitos y nuestro principal diputado en Cuzco, y estos otros recibirán también preferencias, aunque menores que las de Ollantay.

Escuchando las misericordiosas palabras del inca, los hombres se inclinaron ante él en gratitud y le prometieron su eterna lealtad. Rumi-ñaui, por su parte, se avergonzó de la generosidad del inca. Salió de Cuzco ese mismo día y nunca más se le vio ni se supo de él.

Cuando regresaron a Cuzco, Ollantay pidió una audiencia al inca—. Oh, poderoso inca—dijo—has sido generoso más allá de toda medida conmigo. Déjame mostrarte mi lealtad y firmeza liderando tus ejércitos en batalla. Conquistaremos muchos pueblos y así aumentaremos tu reino y tu reserva de tesoros.

—Es un ofrecimiento generoso, mi diputado—dijo el inca—, pero tales acciones solo las pediré cuando sean necesarias, y hoy no es ese día. Toma una esposa, y vive tranquilamente y sírveme aquí en Cuzco.

—Desgraciadamente—dijo Ollantay—nunca me casaré, porque una vez tuve una esposa, y solo estuvimos juntos unos días antes de que me la quitaran. Desde entonces he vivido en la tristeza, y no tendré otra esposa por el resto de mis días.

Cuando Ollantay terminó de hablar, la puerta de la sala de audiencias se abrió, y una joven entró corriendo y se postró ante el inca. Un sirviente corrió detrás y se inclinó diciendo—: Mil perdones, oh poderoso inca, pero esta joven de la Casa del Sol me evadió, y antes de que pudiera detenerla, entró aquí. Pido tu misericordia para ambos por este disturbio.

—No temas—dijo el inca—. No se dirá que no escuchamos ni siquiera al más joven de nuestros súbditos. ¿Qué es lo que necesitas de nosotros, pequeña?

—Oh, poderoso inca—dijo la chica—mi nombre es Yma Sumac, y todos mis días he vivido como una huérfana en la Casa del Sol. Recientemente me he enterado de quiénes son mis padres. Mi madre está cruelmente encerrada en una celda donde languidece y muy pronto morirá si no recibe tu misericordia. Te juro a ti y a tu padre el

Sol que mi madre no ha hecho ningún mal. Te ruego que vengas a ver por ti mismo cómo ha sido tratada, para que te compadezcas y la liberes.

—No permitiremos que se diga que tenemos prisioneros que son inocentes—dijo el inca—. Muéstranos dónde está tu madre, y haremos un juicio adecuado a la situación. Nuestro diputado también nos acompañará en esto.

Yma Sumac nunca había visto a su padre, y aunque estaba presente en la sala de audiencias, el inca nunca había pronunciado su nombre. Ni Ollantay había visto nunca a su hija; y así fue que ninguno de los dos reconoció al otro, y así como extraños fueron junto con el inca en su misión de misericordia.

Cuando llegaron a la Casa del Sol, el inca ordenó a la Madre de la Casa que se presentara ante él y le mostrara el lugar donde se encontraba la prisionera. Juntos fueron a la celda de la prisión. La Madre de la Casa la abrió, y todos contemplaron la lamentable forma de Cusi Coyllur.

—Libérenla de sus ataduras y que se presente ante nosotros—dijo el inca.

Así se hizo, y pronto Cusi Coyllur estaba de pie, temblando en sus harapos, con la cabeza inclinada ante Tupac Yupanqui y sus compañeros, su pelo largo y despeinado cubriendo su cara. El inca se apiadó de ella al instante y se enfadó con la Madre de la Casa—. Has utilizado a esta mujer muy mal—dijo—. A pesar de que era tu prisionera, tenías el deber de mantenerla bien. Esto no se hizo, así que te liberamos de tu oficio. Otra tendrá el puesto de Madre de la Casa.

La Madre no podía hacer otra cosa que inclinarse ante el inca y partir. Una vez que se fue, el inca le dijo a Cusi Coyllur—: Dime, si puedes, quién eres y por qué has sido encarcelada aquí.

—Oh, poderoso inca—dijo Cusi Coyllur—te ruego que tengas piedad. Me llamo Cusi Coyllur, hija del inca Pachacuti. Fui encarcelada aquí por orden de mi padre porque amé al valiente Ollantay en contra de sus deseos y le di una hija, la misma que te ha traído a este lugar. Tan pronto como la niña respiró, me la quitaron y me encadenaron aquí, para pasar mis días en la miseria, aunque mi crimen no era más que el amor.

El inca y Ollantay se quedaron atónitos ante lo que la mujer había dicho. Tan miserable era su estado que el inca no había reconocido a su hermana, ni Ollantay la había reconocido como su propia y amada esposa.

—¿Es esto cierto?—preguntó el inca.

—Lo es—dijo Cusi Coyllur—. Juro por el tocado imperial que llevas y por el mismo Sol que no digo ninguna mentira.

—Míranos y déjanos ver tu cara—dijo el inca.

Cusi Coyllur levantó su cabeza y se acomodó el pelo a un lado. Aunque estaba delgada y pálida, Ollantay y el inca la reconocieron, y ambos gritaron con alegría y pena.

—Traigan vestidos nuevos para esta mujer—ordenó el inca—, y llévenla a nuestra propia morada. Denle una habitación y todos lo necesario, porque es nuestra noble hermana y la esposa de nuestro delegado de confianza.

Ollantay fue a Cusi Coyllur y la abrazó tiernamente—. No había pensado en volver a verte—dijo—y me duele que hayas sido tan mal cuidada. Pero quizás ahora el inca te perdone por haberte casado con un plebeyo, y podamos vivir juntos en paz.

—Podrás haber sido un plebeyo cuando te casaste—dijo el inca—pero serás un noble a partir de este momento. Te criamos en la estación y te deseamos larga vida y mucha alegría con la esposa de tu corazón, a la que también amamos, porque es nuestra hermana, y con tu querida hija, porque es nuestra sobrina.

Yma Sumac había estado de pie a un lado, observando todo esto en silencio, porque se sintió abrumada por la alegría y la gratitud por la misericordia del inca y también por el conocimiento de que el hombre que la había acompañado a ella y a su señor a la celda de la prisión no era otro que su propio padre.

Ollantay se volvió hacia Yma Sumac—. Ven aquí, niña. Déjame mirarte, porque soy tu padre y estoy agradecido por tu coraje y el amor constante a tu madre.

Entonces Ollantay abrazó a su hija, y la familia, ahora reunida después de diez largos y amargos años, derramó muchas lágrimas de alegría.

Fiel a su palabra, el inca dio una agradable morada a su hermana y su familia dentro del palacio. Se aseguró que nunca les faltara nada, y allí Ollantay, Cusi Coyllur e Yma Sumac vivieron el resto de sus días, en paz y armonía.

Vea más libros escritos por Matt Clayton

Bibliografía

Bellos, Alex. "Ancient Wonder: Pre-Inca Ruins Found in Lake Titicaca." *The Guardian*, 23 August 2000. <https://www.theguardian.com/world/2000/aug/24/bolivia>, accessed 11 January 2019.

Betanzos, Juan de. *Narrative of the Incas.* Trans. and ed. Roland Hamilton and Dana Buchanan. Austin: University of Texas Press, 1996.

Bierhorst, John, ed. *Latin American Folktales: Stories from Hispanic and Indian Traditions.* New York: Pantheon Books, 2002.

——. *The Mythology of South America.* New York: William Morrow and Company, Inc., 1988.

——, ed. and trans. *Black Rainbow: Legends of the Incas and Myths of Ancient Peru.* New York: Farrar, Straus & Giroux, 1976.

Brinton, Daniel G. *American Hero-Myths: A Study in the Native Religions of the Western Continent.* Philadelphia: H. C. Watts & Co., 1882.

Carpenter, Frances. *South American Wonder Tales.* Chicago: Follett Publishing Company, 1969.

Cobo, Bernabe. *Inca Religion and Customs.* Trans. and ed. Roland Hamilton. Austin: University of Texas Press, 1990.

———. *History of the Inca Empire.* Trans. and ed. Roland Hamilton. Austin: University of Texas Press, 1979.
Colum, Padraic. *Orpheus: Myths of the World.* New York: Macmillan, 1930.
Cossins, Daniel. "We Thought the Incas Couldn't Write. These Knots Change Everything." *The New Scientist,* 26 September 2018. <https://www.newscientist.com/article/mg23931972-600-we-thought-the-incas-couldnt-write-these-knots-change-everything/>, accessed 26 November 2018.
Dixon-Kennedy, Mike. *Native American Myth & Legend: An A-Z of People and Places.* London: Blandford, 1996.
Elliot, L. E. "Ollantay: An Ancient Inca Drama." *The Pan-American Magazine* 33/1 (1921): 281-290.
Gifford, Douglas. *Warriors, Gods and Spirits from Central and South American Mythology.* New York: Peter Bedrick Books, 1983.
Hills, Elijah Clarence. *The Quechua Drama* Ollanta. *Romanic Review* 5/2 (1914): 127-176.
Kuss, Daniele. *Myths and Legends of Incas.* New York: Marshall Cavendish, 1991.
La Barre, Weston. "The Aymara: History and Worldview." *The Journal of American Folklore* 79/311 (1966): 130-144.
Markham, Clements R., ed. *The Incas of Peru.* New York: Dutton, 1910.
———, ed. *History of the Incas, by Pedro Sarmiento de Gamboa, and the Execution of the Inca Tupac Amaru, by Captain Baltasar de Ocampo.* Farnham: Ashgate Publishing Ltd., 2010.
———, ed. *Narratives of the Rites and Laws of the Yncas.* Farnham: Ashgate Publishing Ltd., 2010.
———, ed. *The Second Part of the Chronicle of Peru by Pedro de Cieza de Leon.* Farnham: Ashgate Publishing Ltd., 2010.
———, ed. *The Travels of Pedro de Cieza de Leon, A.D. 1532-50, Contained in the First Part of His Chronicle of Peru.* Volume I. Farnham: Ashgate Publishing Ltd., 2010.

Osborne, Harold. *South American Mythology.* Feltham: The Hamlyn Publishing Group, Ltd., 1968.

Pan-American Union. *Folk Songs and Stories of the Americas.* Washington, DC: Organization of American States, 1971.

Roberts, Timothy R. *Myths of the World: Gods of the Maya, Aztecs, and Incas.* New York: Friedman/Fairfax Publishers, 1996.

Salomon, Frank, and George L. Urioste, trans. *The Huarochirí Manuscript: A Testament of Ancient and Colonial Andean Religion.* Austin: University of Texas Press, 1991.

Schmitt, Martha. *World Myths and Legends II: South America.* Belmont: Fearon/James/Quercus, 1993.

Steele, Paul R., with Catherine J. Allen. *Handbook of Inca Mythology.* Santa Barbara: ABC-CLIO, Inc., 2004.

Suarez-Rivas, Maite, ed. *Latino Read-Aloud Stories.* New York: Black Dog & Leventhal Publishers, 2000.

Urton, Gary. *Inca Myths.* Austin: University of Texas Press, 1999.

Vega, Garcilasso de. *First Part of the Royal Commentaries of the Yncas.* Trans. Clement R. Markham. 2 vols. London: Hakluyt Society, 1869-71.

Witherspoon, Anna. *Let's See South America.* Dallas: The Southern Publishing Company, 1939.

www.ingramcontent.com/pod-product-compliance
Lightning Source LLC
Chambersburg PA
CBHW020110240426
43661CB00002B/96